KB092935

첫 마디 툭 던지는
상대의 말투에
상처 많이 받으시죠?

# 첫 마디 툭 던지는

## 상대의 말투에
## 상처 많이 받으시죠?

요시하라 타마오 **지음** | **황미숙** 옮김

**예의에 진심인 이들의**
**유쾌한 인간관계를 위한 말 습관**

나비의 활주로

## 무심코 한 내 말과 행동이
## 누군가에게는 상처가 될지도 모릅니다

'어떻게 저런 무례한 말을 하지?'

'지금 이 태도는 너무하잖아.'

'살짝 기분이 안 좋은데…?'

'정말 무례한 사람이야.'

'저 사람은 왜 그렇게 퉁명스럽고 차갑게 말하지?'

위와 같이 지금껏 만나온 이들에 대해 생각해 본 적이 있으시지요? 예상치도 못한 상황에서 상대방의 무례한 말과 행동으로 기분이 상한 적, 분명히 있으셨을 겁니다. 이러한 일들은 우리의 감정을 상하게 하고 불필요한 스트레스를 주지요. 온화한 태도로 사람들을 대하고 싶은데, 누군가의 몰상식한 한 마디로 인해 짜증이나 화가 나고 상처받은 채 이후의 하루를 불편한 마음으로 지내기도 합니다.

이렇듯 상대방의 예의 없는 말과 행동에는 발끈하거나 상처받으면서도, 정작 자신이 악의 없이 상대방에게 던진 한 마디나 행동이 사실은 무척이나 '무례하다'는 사실을 모르는 이들도 많습니다.

자신이 무례한 말과 행동을 당했을 때는 불쾌함을 느끼기 쉽지만, 반대로 자신이 누군가에게 그렇게 해버렸을 때는 잘 알아차리지 못하는 겁니다. 당신과의 중요한 약속에 늦었으면서도 "제가 늦었네요!"라는 말만 하고 한마디 사과도 없는 이에게서 미안해하는 마음이 느껴지시나요? 잃어버린 신뢰를 필사적으로 되찾으려 한다는 느낌은 있나요? 이런 사람들은 결국 계속 그렇게 행동하다가 주위에 사람들이 점차 사라지게 되진 않을까요?

사과를 제대로 하지 않는 것은 매우 무서운 결과로 이어질 수 있습니다. 말과 행동이 예의 없는 사람은 그것이 상대방에게 주는 불쾌함에 대해 몰랐기 때문이라고 하지만, 사실 이러한 문제는 생각을 바꾸고 의식적인 훈련을 통해 크게 나아질 수 있어요.

이 책에서는 '무례한 말과 행동'이란 무엇인지 확실하게 이해하고, 누군가에게 더욱 신뢰받는 사람이 되기 위한 실천적인 화법과 태도에 관해 이야기합니다. 만일 무례하게 구는 사람이 당신 곁에 있다 하더라도 '어떻게 반응하면 스트레스를 줄이고 자신을 지킬 수 있을지'에 대해서도 알려드립니다. 그러므로 다음의 세 가지를 기억하시고 당신과 당신의 소중한 가족과 친구, 직장동료들과 공유하면서 이 책을 활용하시기 바랍니다.

첫째, 무의식적으로 무례한 말과 행동을 하는 일이 없어집니다.

둘째, 몰상식한 말과 행동을 하는 사람과 스트레스받지 않고 교류할 수 있습니다.

셋째, 예의 바르고 신뢰받는 사람이 됩니다.

저는 커뮤니케이션이나 프레젠테이션을 전문으로 하는 이미지 컨설턴트입니다. 그러므로 일하면서 다양한 세대, 업종에 종사하는 분들을 만나고 있습니다. 만났던 분들 중에는 '무례한 말과 행동'에 대해 이해하고 더 깊이 사귈 수 있는 이가 있는가 하면, 성격도 좋고 열정적인데도 이를 알 기회를 얻지 못한 사람, 사실은 똑똑한데도 무례한 한마디 때문에 좋은 평가를 받지 못하는 사람도 있습니다. 우리는 사람과 만날 때는 늘 상대방을 소중히 여기고, 이를 상대방이 분명히 느낄 수 있도록 말과 태도에 대해 돌아보고 고민해야 합니다.

이 책을 읽고 나면 당신은 무례한 말과 행동으로 인한 손해를 명확히 알게 되고, 자기만족이나 잔머리를 쓰는 것이 아니라 진심으로 상대방이 기뻐할 '예의'를 확실히 익힐 수 있으리라 믿습니다.

예의란 당신에게 상상력과 객관성이 있다는 것을 드러내고, 상대방을 받아들일 여유와 순간적인 판단력이 겸비되어 있음을 뜻합니다. 이 책을 통해 부디 예의를 알고 실천하여 품위 있는 사람이 되시길 바랍니다. 적어도 이 책의 제목에 끌려 읽기 시작하셨다면 지금도 충분히 커뮤니케이션에 대해 많은 관심을 가지고 있으며 나아지려 노력하는 분일 것입니다. 거기서 한 걸음 더 나아가 '무례한 말과 행동'에 대해 저와 함께 한 번 고민해보시기 바랍니다. 이를 통해 더욱 좋고 유쾌한 인간관계를 만드는 '진정한 예의'라는 무적의 보물을 손에 넣게 될 겁니다.

요시하라 타마오

# CONTENTS

PART 2

# '나는 옳다'고 여기는
# 실수를 줄이기 위한 말 습관

PART 3

# 적이 없는 사람이 되는
# 품격 있는 습관

## PART 1

# 무심코 던진 한마디가

무례하지 않기 위한 말 습관

# "피곤해 보여요"라는 말은
# 자칫 무례한 표현일 수 있습니다

"너 어쩐지 피곤해 보여."

"얼굴이 까칠한데 무슨 일 있어?"

혹시 이런 말을 친구나 직장 동료들에게 아무렇지 않게 하진 않으세요? 진심으로 걱정이 되어 하는 말일지라도 이런 말은 주의해서 써야 합니다. 특히 여성에게는 말이지요. 예를 들어 당장이라도 쓰러질 것 마냥 안색이 창백하거나 누가 보아도 몸이 안 좋은 상대방에게는 "얼굴이 까칠해졌어요"라는 말을 할 것이 아니라, "앉아서 이야기하는 것이 좋겠어요"라며 도움의 손길을 내밀어야 합니다.

"머리카락이 헝클어졌네요"라는 말을 듣는다면 그 자리에서 다듬을 수 있지만, '피곤해 보인다'거나 '얼굴이 까칠하다'는 지적에 대해서는 당장 어떻게 할 수가 없지요. 더구나 이른 아침부터 그런 말을 듣는다면 그 사람은 하루 종일 '내가 피곤해 보이나…?' 하고 신경쓰게 되어 더 피곤해질 거예요.

실제로 지인에게 이런 이야기를 들었어요. 사무직으로 일하는 20대의 그녀는 "예전에 일 때문에 만난 영업사원이 '저번에 봤을 때보다 피곤해 보인다'고 해서 너무 놀랐어요"라고 했습니다. 당시 그다지 피곤한 상태도 아니었던 터라 '내 얼굴이 그렇게 안 좋아 보이나…?' 싶어 괜히 신경이 쓰였다고 합니다.

또 영업직에 종사하는 30대의 여성은 "같은 직장의 남자직원이 얼굴이 까칠해 보인다고 하는데 어찌나 무례하게 들렸는지 몰라요. '나이 들어 보인다'는 이야기랑 뭐가 달라요?"라고 말했습니다.

40대의 엔지니어인 한 남성은 이렇게 말했어요. "평소 컴퓨터 작업을 많이 하다 보니 늘 잠이 부족해서요. 동료가 왠지 얼굴이 까칠하다거나 야위었다고 하면 기분이 좋지는 않지만, 말한 사람이 누구냐에 따라서는 마음을 써주는구나 싶을 때도 있습니다."

의료 관계자인 지인에게서 들은 이야기인데, 병원에서 퇴원한 지얼마 되지 않는 70대의 남성은 "얼굴이 까칠하다고 하면 아픈 사람처럼 보인다는 이야기 같아서 상처가 됩니다. 다른 사람에게 할 이야기는 아니라고 생각해요"라며 화를 냈다고 합니다.

**이처럼 들은 사람은 누구랄 것 없이 복잡한 심경에 사로잡히거나, 풀이 죽고, 상처받는 그런 말은 철저히 하지 않는 것이 좋습니다.** 40대인 저에게 누군가가 "요시하라 씨, 왠지 얼굴이 까칠한 것 같아요"라고 한다면 저절로 '얼굴이 까칠하다=활력이 없다=패기가 없다=나이 들

어 보인다'라고 생각할 것 같습니다. 물론 몸 상태가 좋을 때 그런 이야기를 들으면 '어? 이렇게 컨디션이 좋은데도 얼굴이 까칠해 보인다니! 나 정말 나이 들어 보이나 봐…' 하는 마음에 더욱 의기소침해질 것 같고요. 주름이나 탄력, 지방, 근육처럼 외모의 변화가 드러나기 쉬운 40대 이후의 여성이라면 저와 비슷한 생각을 하는 분이 많지 않을까 싶어요.

애당초 '얼굴이 까칠하다', '피곤해 보인다'는 말은 상대방에게 이야기할 필요도, 가치도 없는 말입니다. 예를 들어 상대방이 피곤해 보여서 진심으로 걱정이 된다면 가뜩이나 안쓰러운 상대방에게 '피곤해 보인다'고 직설적으로 표현하기 보다는, "요즘 쉴 때는 푹 잘 쉬고 있어요?", "무척 바빠 보이는데 컨디션은 괜찮아요?", "요즘 뭐 달라진 건 없어요?" 하고 물어보는 편이 훨씬 친절하게 느껴질 거예요.

다시 한 번 말하지만 상대방에게 '얼굴이 까칠하다', '야위었다', '피곤해 보인다'는 말은 할 필요가 없습니다. 상대가 지쳐 보일수록 그분이 힘을 낼 수 있는 상냥한 말을 건넬 수 있었으면 좋겠습니다.

"너 어쩐지 피곤해 보여"

"얼굴이 까칠한데 무슨 일 있어?"

혹시 이런 말을 친구나 직장 동료들에게 아무렇지 않게 하진 않으세요? 진심으로 걱정이 되어 하는 말일지라도 이런 말은 주의해서 써야 합니다. 들은 사람은 누구랄 것 없이 복잡한 심경에 사로잡히거나, 풀이 죽고, 상처받는 그런 말은 철저히 하지 않는 것이 좋습니다. 애당초 '얼굴이 까칠하다', '피곤해 보인다'는 말은 상대방에게 이야기할 필요도, 가치도 없는 말입니다.

# "적당히 운동하세요"라는 말을
# 쉽게 하고 있지는 않은가요?

한번 피로를 풀고 쉬기 위해 마사지를 받으러 갔을 때의 한 장면을 떠올려보세요. 마사지사가 마사지를 마치며 "어깨도 목도 완전히 굳어서 상태가 아주 안 좋아요. 다리도 땡땡하게 부었더라고요. 매일 스트레칭을 하거나 적당히 운동하는 게 좋습니다"라는 이야기를 했다면 어떤 기분이 드세요? 자신의 몸이 지쳐있다는 사실은 자기 자신이 가장 잘 알죠. 그러니 '~하는 것이 좋다'는 이야기를 듣는 것조차 질려버리지 않으세요?

실제로 저는 매일 가벼운 스트레칭을 하고 있습니다. 그런데 스트레칭을 하고 있느냐고 물어보지도 않았으면서 제 일상을 부정하는 듯한 이야기를 하면, '저 사람은 나에게 관심이 없구나' 하는 생각이 들어요. 다른 이의 라이프스타일에 대해 조금 더 주의를 기울이며 대화한다면 '~하는 것이 좋아요'라는 식의 단정적인 말투는 줄어들지 않을까요?

먼저 눈앞에 있는 상대방의 습관에 대해 물어보기만 해도 상대방에게 불필요한 정보를 주거나 조언하지는 않을 수 있습니다. 주의 깊게 질문하고 '이 사람에게 이것만큼은 꼭 하도록 권해야겠다' 싶은 필요한 정보를 주었을 때 비로소 그 정보는 가치를 띠게 되는 법입니다.

'어깨와 목이 뭉쳐서 마사지를 받으러 오는 사람은 운동이 부족해' 라는 선입견을 갖고 고객과 대화하면 상대방을 이해하려는 노력을 게을리하는 것으로밖에 여겨지지 않습니다. 결국 다음번에는 그 마사지사를 찾지 않겠지요.

"평소에 어디 불편한 곳이 있으신가요?"

"운동 좋아하시나요?"

고객에게 이렇게 물어봤을 때 그 사람이 조금이라도 의식적으로 운동하는 사람이라면 "이야, 그것 참 좋은 습관이네요", "참 좋은 생각을 갖고 계시네요" 하고 받아주세요. 그러면 고객은 긍정적인 느낌을 받아 의욕이 샘솟고 당신에 대한 신뢰도 높아질 거예요.

"어깨와 목이 완전히 뭉쳐 있어요."

"운동을 하는 게 좋습니다."

이런 말은 상대방의 건강을 염려하는 듯이 들릴지 모르지만, 실은 상대방의 심리상태나 생활에 대해 알지 못한 채 전하는 단편적인 코멘트에 지나지 않습니다.

"너 살 쪘니?", "살 좀 빠졌어?"

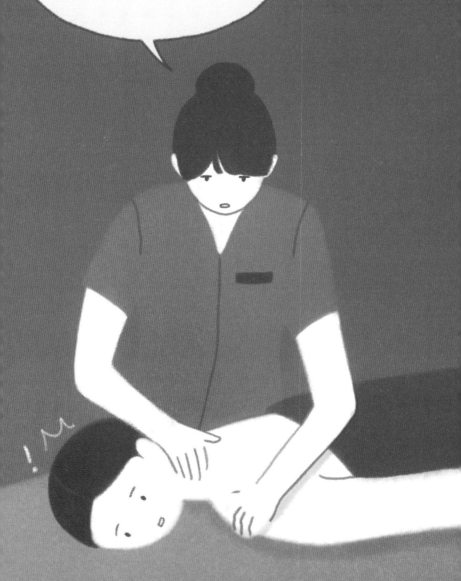

이런 말이 무례한 질문이라는 건 누구나 압니다. 아무리 가족 간이라도 서로에게 이런 이야기를 할 때는 세심한 주의가 필요해요.

제가 임신을 했을 때 한 지인이 만나자마자 "요시하라 씨, 몸이 전체적으로 커지셨네요", "얼굴도 아주 빵빵해요"라고 말한 적이 있어요. 저도 그분이 전혀 악의 없이 한 말이라는 거 잘 알아요. 하지만 그 말이 너무도 맞는 말이어서, 당시에는 더 상처를 받았어요. 사실 그때 제 몸이 그랬거든요(지금보다 체중이 16킬로그램이나 더 나갔습니다).

그 당시 저는 입덧이 심해서 육체적으로나 정신적으로나 무척 힘든 나날을 보내고 있었던 터라 '살쪘네'라는 말을 듣고 가볍게 웃어넘길 만한 여유가 전혀 없었어요.

임신을 하면 호르몬 균형이 깨지면서 몸의 컨디션과 감정 기복이 심해질 때가 있습니다. 그래서 저는 임신하신 분과 이야기할 때는 "배가 많이 불렀어요"라는 식으로 배에만 초점을 맞추려고 합니다. 임신부 중에는 입덧 때문에 식사는커녕 물도 제대로 마시지 못해 확연하게 야위어가는 분도 계세요.

"살이 너무 많이 빠졌네요!", "곧 쓰러질 것 같은데 괜찮아요?", "뱃속의 아기를 위해서라도 밥을 잘 먹어야지요."

이런 이야기는 당사자에게 상당한 압박으로 다가올 거예요. 상대방의 외견적인 변화를 백 퍼센트 긍정적으로 받아들이면 될 뿐, 굳이 입에 담을 필요는 없지 않을까요?

이번 기회에 한번 상대방의 인상에 대해 굳이 말하지 않아도 될 말들을 한번 스스로 정리해보세요. 진심으로 상대가 걱정되거나, 무언가 도움이 되고 싶다면 불필요한 말은 하지 않고, 실제로 해줄 수 있는 일을 찾아 행동으로 옮기는 어른이 되었으면 좋겠습니다.

먼저 눈앞에 있는 상대방의 습관에 대해 물어보기만 해도 상대방에게 불필요한 정보를 주거나 조언하지는 않을 수 있습니다. 주의 깊게 질문하고 '이 사람에게 이것만큼은 꼭 하도록 권해야겠다' 싶은 필요한 정보를 선별했을 때 비로소 그 정보는 가치를 띠게 되는 법입니다.

# 상대방을 내려다보는 시선이 담긴 말,
## '불쌍해라', '안됐어'

"어쩜, 불쌍해라!"

누군가에게 안 좋은 일이 생긴 것을 보거나 들으면 금방 이렇게 반응하는 사람이 있습니다.

예를 들어 "얼마 전에 조카가 1지망 고등학교에 떨어졌어…"라는 지인의 말을 듣고는 "어머 불쌍해" 하고 반응하는 것이지요. '불쌍해'라는 말 속에는 '1지망 고등학교에 못 가는 인생은 비참하다'는 생각이 자리하고 있다고 볼 수 있습니다.

깊은 의미 없이 한 말일지라도 '불쌍해'라는 말은 상대방에게 제멋대로 '안타깝지만 지금의 너는 매우 가련하고 불행하다'는 각인을 찍어버리는 거예요. 정말로 쓸데없는 오지랖이라고 생각합니다.

'1지망 고교에 못 가는 사실'에 대해 듣는 사람은 가련하거나 불쌍하다고 판단하는 입장이 아닙니다. '불쌍하다'는 말에서는 상대방에게 공감하거나 다가서려는 따뜻함이 느껴지지 않아요. 무슨 일만 있으면 '불쌍해' 하고 입버릇처럼 말하는 사람은 제멋대로 상대방을 불행하다고 단정 짓는 것이지요. 어떨 때는 '남을 가련하게 여기는 난 정말 상냥한 사람이야'라며 자아도취에 빠진 것처럼도 보일 때도 있습니다.

저 역시 과거에 '불쌍해'라는 말을 들은 적이 있어요. 20대 중반에 4년 가까이 다닌 회사를 그만둔 후 다른 일을 찾고 있을 때였지요, 저보다 어린 여성이 "요시하라 씨, 생각처럼 일이 안 찾아지는 데다 결혼 이야기도 없다니 왠지 불쌍하네요"라고 했습니다.

당시에 상당히 기분이 좋지 않았어요. 그녀가 본 저는 운도, 연줄도, 돈도 없는 가련한 사람이었던 거죠. 남이 나를 어떻게 생각하든 신경 쓸 필요는 없다고 여겼어요. 하지만 충격적이었던 것은 그녀가 조금의 주저함이나 배려도 없이 떠오른 생각을 그대로 입에 담는 사람이라는 사실이었습니다.

**그때는 조금 의기소침했지만 그녀 덕분에 깨달은 사실도 있습니다. 바로 무언가 일이 잘 풀리지 않아서 풀이 죽어 있는 상대방을 '불쌍하다'는 시선으로 보는 사람은 나와 잘 맞지 않는다는 점입니다.**

상대방이 괴로울 때 조금이나마 공감해주려는 마음에서 "불쌍해", "안쓰러워"라는 말이 나올 때도 있겠지요. 하지만 '일이 있는 사람은 행복하다', '일이 없는 사람은 불행하고 불쌍하다', '결혼을 못 한 사람은 가련하다'는 식의 표면적인 말을 하는 사람과는 깊은 대화는 물론

이고 진심으로 희로애락을 나눌 수도 없었으니 자연스레 멀어졌습니다.

누군가에게 괴로운 일을 말했을 때 그 사람이 툭 내뱉는 '불쌍해'라는 말을 듣고 기분이 좋을 사람은 없습니다. '불쌍하다'는 건 어찌 보면 말하는 이가 자기만족을 얻기 위해 하는 말임을 기억해두는 것이 좋겠지요.

상대방이 힘든 이야기를 꺼냈을 때는 다음과 같이 말합니다.

"그것 참 안타깝습니다", "고생이 심하셨을 것 같아요", "얼마나 괴로우셨어요…."

이렇듯 진심으로 상대에게 다가가는 말을 건네는 사람이 되면 어떨까요? 이럴 때 천천히 조심스럽게 말하면 감정은 더 잘 전달됩니다.

동료나 친구의 자녀가 감기에 걸렸다거나 다쳤다는 이야기를 듣고 "○○가 기침이 심하다니 안쓰럽네요. 시험 전에는 낫기를 기도할게요", "○○가 손가락을 다쳐서 학교 수영장에 못 들어갔다는 이야기를 듣고 안쓰러웠는데, 지금은 다 나았다니 안심이에요"라고 말한다면, 제삼자이기도 한 데다 아이에게 대한 '안쓰러움'을 표현하는 것이므로 그리 큰 거부감은 들지 않을 겁니다.

어떻게 말해야 할지 고민스럽다면 '이 상황에서 내가 그런 이야기를 듣는다면 어떤 기분일까?' 하고 생각해 보세요. 더 말할 것도 없지만, 병이나 상처가 심각한 상황이라면 '불쌍하다'는 말은 삼가는 것이 좋습니다. 당신의 말은 상대방의 기분을 진정시키고 조금이라도 긍정적인 자세를 가지게 하는 힘을 지니고 있거든요. 매일 소중한 사람들에게 그런 따뜻한 말을 해주세요.

누군가에게 괴로운 일을 말했을 때 그 사람이 톡 내뱉는 '불쌍해'라는 말을 듣고 기분이 좋을 사람은 없습니다. '불쌍하다'는 건 어찌 보면 말하는 이가 자기만족을 얻기 위해 하는 말임을 기억해두는 것이 좋겠지요. 어떻게 말해야 할지 고민스럽다면 '이 상황에서 내가 그런 이야기를 듣는다면 어떤 기분일까?' 하고 생각해 보세요. 더 말할 것도 없지만, 병이나 상처가 심각한 상황이라면 '불쌍하다'는 말은 삼가는 것이 좋습니다.

# 오늘도 혼자만 너무 일방적으로
# 많은 말을 하지는 않았나요?

혹시 지인과의 대화 중에 당신이 "○○ 씨는 어떠세요?" 하고 물어보자마자, 봇물이라도 터진 것처럼 자신의 이야기만 끊임없이 말하는 사람이 있진 않은가요? 그런 사람은 '질문을 받았다=상대방이 내 이야기를 듣고 싶어 한다'고 생각하고 있는 것입니다. 물론 정말로 궁금해서 물어보는 일도 있겠지요. 이때 상대방의 물음에 감사하며 '관심 있는 내용이 아닐 텐데 날 배려해서 의견을 물어봐 주는구나', '내게 이야기할 기회를 주려고 질문을 던진 거야' 하고 생각할 수 있는 사람이 얼마나 될까요?

업무적으로든 사적으로든 '질문은 배려심에서 나온다'라는 걸 겸허하게 받아들일 수 있는 사람은 질문에 대한 대답도 적확할 것입니다. "○○ 씨는 여러 가지 많이 아시니까 꼭 의견 좀 내주세요!"라는 이야기를 들으면 영광스럽고 기쁜 마음에 하나부터 열까지 다 말해주고 싶은 심정은 이해합니다.

하지만 실제로 끝없이 이야기하면 듣는 사람은 지겨워질 때도 많습니다. 너무 많은 말을 한 탓에 '이 사람은 자기만 생각하는구나'라는 인상을 준다면 당신에게 득이 될 것은 아무것도 없겠지요.

여기서 관점을 바꾸어 다른 사람의 이야기를 일방적으로 듣는다는 것이 어떤 느낌인지 한번 느껴보시기 바랍니다. 방법은 간단합니다.

## 상대방의 이야기를 일방적으로 들을 때

- 입술을 가볍게 다문 채 입꼬리를 2센티미터 정도 올립니다.
- 머리와 등을 곧게 폅니다.
- 그대로 움직이지 않고 10초를 잽니다.

고작 10초라도 일방적으로 이야기를 듣기만 할 때의 시간은 '아직도 안 끝났어?' 싶을 정도로 길게 느껴집니다. 여러 질문의 대답과 설명을 '10초 안에 끝내라'는 뜻이 아닙니다. 다만 이야기를 듣는 사람은 심리적으로도, 육체적으로도 스트레스를 느낀다는 사실을 이해하면, 알아듣기 쉽게 이야기하는 사람과 가까워지고 '무례한 사람'에게서 멀어질 수 있습니다.

시간이 충분할 때나 상대방이 손님이어서 당신이 차분히 이야기를 듣는 입장이라면 그나마 나을 지 몰라도, 어쨌든 이야기를 듣는 사람은 피로를 느낍니다.

10초 만이라도 대화 중에 듣는 사람이 얼마나 신경을 쓰고 등과 얼굴의 근육을 긴장시키고 있을지 그 느낌을 떠올려보세요. 참고로 10초는 글로 쓰면 50자 정도인데, 그 길이가 이야기를 듣기에 알맞은 기준이라고 합니다. 이는 뉴스에서 아나운서가 '1분 동안 300자 내외의 원고를 읽는다'는 이야기를 듣고 대략적으로 계산한 양입니다.

방금 당신이 읽은 위의 문장 길이 정도지요. 글자 수 50자에 마침표 하나로 마무리하면 이야기는 훨씬 이해하기 쉬워집니다. 긴 이야기로 듣는 사람을 지루하게 하는 사람은 이야기의 마지막을 마침표가 아니라, 쉼표로 이어가며 계속하는 경향이 있습니다.

우리 뇌가 단기적으로 기억할 수 있는 문자나 숫자는 5~9자 정도라고 하지요. 자신이 한 이야기에 포함되는 정보의 수를 생각해 보면 좋을 겁니다. 예를 들어 앞의 설명은 '뉴스에서 아나운서', '1분 동안 원고를 읽으면', '300자 내외' 등을 세어보면 우리가 말하는 내용의 정보량을 금세 알 수 있습니다.

이처럼 사람이 기억하기 쉬운 정보량에 맞춰 이야기를 생각하고 구조화하는 겁니다. 저는 매번 초시계를 이용하지는 않지만 '간결하게 말하기'를 늘 의식하며 대화하려고 노력합니다.

단, '10초', '50글자', '지금까지 정보의 수가 몇 개였지?' 하고 너무 엄밀하게 생각한 나머지 이야기의 내용이나 상대방의 심정을 고려하지 못한다면 주객이 전도되겠지요. 그러므로 이야기의 '길이'에 대한 감각을 기르기 위해 권하는 사항일 뿐임을 기억하세요. 연습 삼아 자신이 하는 말을 글로 옮기거나 녹음하여 들어보면 객관적인 감각을 기르기에 좋을 겁니다.

20대 무렵부터 프리랜서로 일한 저는 대학의 비상근 강사로 강의하거나 여러 업종의 기업에서 강연과 연수, 컨설팅 등을 진행했습니다. 그래서 언제나 받는 보수를 분 단위로 파악하는 일이 익숙하지요. 예를 들어 일이 5분 연장되었다면, 그 5분은 과연 얼마인지를 말이에요. 나아가 해당 업무의 연장으로 인해 상대방이 본래 하려던 일을 할 시간이 얼마나 줄어들고, 새로 일정을 조정하거나 다른 사람에게 부탁하면서 스트레스가 얼마나 생기는지 생각하는 거지요. 저뿐만 아니라 시간을 할애해준 상대방의 시간에 대해서 더 큰 책임감을 느낍니다.

이렇게 생각하면 "이야기가 길어졌네요"라는 말을 아무렇지 않게 하는 사람 때문에 다른 사람이 여러 가지를 잃거나 조정하며 시간과 에너지를 쓰고 있다는 걸 깨달을 수 있습니다.

말할 차례가 되거나 질문을 받았을 때는 우선 '나에 대한 배려에 감사하는' 마음을 표시하고, 내용을 알기 쉽게 전달하기 위해 이야기의 길이에 조금만 더 신경을 써보세요. 그런 습관을 통해 당신은 배려심이 많은 센스 있는 사람으로 여겨질 것입니다.

연습 삼아 자신이 하는 말을 글로 옮기거나 녹음하여 들어보면 객관적인 감각을 기르기에 좋을 겁니다. 그리고 말할 차례가 되거나 질문을 받았을 때는 우선 '나에 대한 배려에 감사하는' 마음을 표시하고, 내용을 알기 쉽게 전달하기 위해 이야기의 길이에 조금만 더 신경을 써보세요. 그런 습관을 통해 당신은 배려심이 많은 센스 있는 사람으로 여겨질 것입니다.

# 질문을 받았다고 들떠서
# 너무 장황하게 답한 건 아닌가요?

한 기업과의 미팅을 위해 한 복합빌딩의 로비층에서 기다리고 있을 때의 일입니다. 제가 안내받은 자리 옆에서는 세 사람이 이야기를 나누고 있었는데 그 목소리가 들렸어요. 그중 한 사람이 "요시다 씨(거래처 상대) 메모방식은 정말 알아보기 쉬운 것 같아요! 뭔가 비결 같은 게 있나요?" 하고 질문했습니다.

그러자 질문을 받은 본인(요시다 씨)은 메모 방식과 노트를 고르는 기준, 과거의 사례 등을 1분도 넘게 자랑하는 거예요. 그 후 메모에 감탄한 상대방에게 "○○ 씨, 그렇게 말씀해주셔서 기분 좋네요. 감사합니다"라는 등의 인사도 없이 마지막까지 자기 이야기만 늘어놓던 요시다 씨는 상당히 만족스러운 듯했습니다.

　그 모습에서는 '더 물어봐도 됩니다'라는 신호가 담긴 듯한 강력한 눈빛으로 상대방의 질문을 기다리는 게 너무나도 잘 느껴졌어요. 상대방에게 이야기할 기회를 주는 배려 같은 건 전혀 안 보였어요. 잠시 후 "그럼 다음 기회에 다시 여쭙도록 할게요" 하고 듣던 이 중 한 사람이 당차게 대화를 마무리 지었어요.

제가 볼 때 세 사람은 이미 좋은 관계를 맺고 있는 두 회사의 담당자인 것 같았어요. 아무리 관계가 좋다고 해서 자신만 떠들지 말고, 상대방도 이야기할 수 있도록 예의를 지킨다면 관계는 더 좋아지지 않을까 싶었습니다.

기분에 취해서 너무 많은 말을 하는 사람들은 '지금 당장 계약 해지'라는 식의 갑작스러운 비극까지는 아니더라도, '저 사람은 너무 잘 들떠서 탈이야', '너무 수다스러워서 약점 잡히기 쉽지'라는 인상을 주어 중요한 안건에 대한 대화일수록 배제되는 일이 있습니다.

자신의 메모 방식에 대해 관심을 가져주는 사람이 있으면 물론 기분이 좋겠지요. 메모 방식을 질문한 사람은 착안점이 예리할 뿐만 아니라, 상대방을 기분 좋게 칭찬하는 배려가 있는 데다 원래부터 관심 분야가 폭넓은 사람이라고도 할 수 있어요.

기껏 그런 사람에게서 '당신의 메모 방식은 정말로 훌륭하다!'는 칭찬을 들었는데 결국 요시다 씨는 질문에 대해 자신이 하고 싶은 말만 늘어놓고 끝내버렸습니다. 듣는 사람들의 반응이 줄어든 것은 '이제 적당히 이야기를 끝내달라는 신호'라는 사실을 알아차렸어야 하는데 말이지요.

누군가가 당신을 칭찬하거나 관심이 있는 듯한 질문을 해도 1분 이상 장황하게 대답하는 것이 실례라는 사실을 안다면 주위의 평가는 백팔십도 달라질 겁니다.

청찬받은 것에 대해 길게 이야기할수록 겸손함과는 거리가 멀어집니다. 앞에서 언급한 상황이라면, "아이고 그렇게 말씀해주시니 영광입니다! 제 스타일이기는 한데 나중에 다시 읽어도 금방 이해하기 쉽게 메모를 하는 장소에 대해서도 신경을 쓰기는 합니다. ○○ 씨도 메모할 때 신경 쓰는 점이 있다면 알려주세요!" 하고 서로 '메모 방식'에 관한 정보를 나눌 수 있습니다. 이런 대화가 각자 이야기할 기회도 생기고 모두 기분 좋게 분위기가 살지 않았을까요?

자신이 말하고 싶은 욕구를 잘 억누르면서 상대방에게 말할 기회를 주거나, 양보할 수 있는 사람이 되세요. 그러면 말하는 사람으로서 더욱 신뢰받고 주위에 사람이 모이게 될 거예요. 상대방이 가만히 자신의 이야기를 들어주는 일이 많은 조직의 리더나 선생과 같은 사람도 '상대방이 질문한 목적은 무엇일까?', '어느 정도의 정보를 전달하는 것이 적합할까?', '상대방에게는 시간이 얼마나 있는 거지?' 등의 배려를 하며 질문에 답하는 것이 좋습니다. '질문을 받다=대답하다'가 아니라 '질문을 받다=감사+대답+상대방을 끌어들이는 질문 및 제안'이라는 흐름을 정착시키도록 합시다.

칭찬받은 것에 대해 길게 이야기할수록 겸손함과는 거리가 멀어집니다. 자신이 말하고 싶은 욕구를 잘 억누르면서 상대방에게 말할 기회를 주거나, 양보할 수 있는 사람이 되세요. 그러면 말하는 사람으로서 더욱 신뢰받고 주위에 사람이 모이게 될 거예요.

# 상대방에 대한 배려 없이 길게 쓴 메일은
# 자기만족일 뿐입니다

앞 장에서 '질문을 받았다고 신나서 너무 떠들지는 말자'는 이야기를 했습니다. 그런데 메일도 마찬가지입니다. 저 역시 20대에 업무상 질문을 받았을 때 부끄럽게도 들떠서 제 생각만으로 가득한 장문의 메일을 보내는 실수를 한 적이 있어요.

어느 날 일을 하며 우연히 알게 된 기업연수강사 파견회사의 임원 분에게서 "요시다 씨에게 일을 의뢰하면 어떤 걸 할 수 있을까요?"라는 간단한 내용의 메일을 받았습니다. 그런데 여기에 당시의 저는 제 경력이나 기술에 대해 이 책의 두 쪽 분량에 달하는 내용의 긴 메일을 보냈습니다. 그러고는 스스로 흡족했습니다.

그런데 일주일이 지나도 한 달이 지나도 상대방에게서 답장이 올 기미가 보이지 않는 거예요. 나중에서야 저의 경력과 기술만을 어필한 장문의 메일이 '자기 자신밖에 안 보이는 사람'이라는 인상으로 상대방을 실망시켰다는 사실을 깨달았습니다만, 때는 이미 늦었지요. 결국 같이 일을 하기는커녕 연락도 아예 끊어지고 말았어요.

상대방이 먼저 제게 질문하는 메일을 보냈으니 단 한 줄이라도 답장하는 것이 도리였을지 몰라요. 하지만 당시 답장이 오지 않은 덕분에 제가 '무례한 메일을 보냈다'는 사실을 깨달을 수 있어서 값진 경험으로 여기고 있습니다. 당시 저는 질문을 받았다는 것만으로도 그 임원이 제게 일을 맡기고 싶은 것이라고 착각하고 자아도취에 빠진 겁니다. 저에게 조금이나마 관심을 보여주신 데 대한 감사 인사를 적을 여유조차 없었던 것입니다.

요컨대 저에게 '제안하는 능력이나 객관적인 시야가 부족하다'는 사실을 장문의 메일을 통해 드러낸 셈이었어요. 누군가가 질문을 해온다면 '상대방은 필요한 것에 대해 간단히 알고 싶은 것뿐'이라는 본질을 이해하는 것에서 출발해야 한다는 사실을 배웠습니다. 질문받은 사실에 기분이 좋아서 자신에 대해서만 적은 긴 메일을 보낸다면 당시의 저처럼 무언가 기회나 새로운 경험을 놓치게 될 수도 있습니다.

질문에 대한 대답은 우선 간단명료하게 결론부터 전달하세요. 그후에는 요점을 정리하고(마침표를 의식하며 이야기를 일단 완결시킬 것), 상대방과 관련성이 있는 제안을 하거나 상대방에게 말할 기회를 주는 것까지의 내용을 담아, 하나의 문장을 서너 줄 이내로 작성하여 총 스무 줄 이내로 완성합니다. 그러면 가독성이 높은 메일이 됩니다.

앞의 제 사례처럼 일로 이어질 듯한 내용의 질문을 받았을 때는 자신의 경력을 길게 메일 본문에 적기보다는 상대방이 원하는 정보를 메모 형식으로 정리하는 편이 훨씬 잘 전달됩니다.

경력을 워드 한 장에 간단히 정리해서 '경력사항'이라는 제목으로 메일에 첨부해서 보내거나, '괜찮으시다면 제 공식 홈페이지도 있으니 시간 나실 때 들러봐 주세요' 하고 URL을 본문에 붙인다면 상대방은 본인이 원하는 내용을 쉽게 확인할 수 있습니다. 다만 정보를 너무 많이 보내면 상대방이 부담을 느낄 가능성도 있으니, 양 조절에 주의하세요. 열의나 적극성은 필요하지만, 메일의 양이 열정을 결정짓지는 않잖아요.

상대방을 배려한 내용으로 정리하고, 필요한 정보만을 얼마나 예의 바른 문장으로 전달하느냐가 인맥으로 인연을 지속하느냐 손절하느냐를 가르는 법입니다. 자신에 대해서 어필하는 것은 좋지만, 상대방을 배려하는 관점에서 다음의 한 마디를 덧붙인다면 감사의 마음과 한 번 스친 인연도 얼마나 소중히 여기는지가 잘 전해지지 않을까요?

'○○ 씨처럼 연륜이 있으신 분이 저희 회사의 서비스에 관심을 가져주시니 대단히 영광스럽습니다'

'이상입니다만 바쁘게 활약 중이신 분께 도움이 된다면 무척 영광스러운 일이니, 부담 없이 연락주시기 바랍니다'

'○○ 씨의 일과 향후 계획 등에 대해 상세한 이야기를 듣는다면 제안 드릴 수 있는 일도 있을지 모르니, 앞으로도 계속 연락드리

**겠습니다'**

이처럼 메일은 '가독성'과 '감사와 존경'으로 구성하는 것이 제일 좋습니다. 이제부터 인맥을 쌓고 싶은 사람에게 메일을 보낼 때는 상대방을 위해서 간결하게 작성하자고요.

상대방을 배려한 내용으로 정리하고, 필요한 정
보만을 얼마나 예의 바른 문장으로 전달하느냐
가 인맥으로 인연을 지속하느냐 손절하느냐를
가르는 법입니다. 자신에 대해서 어필하는 것은
좋지만, 상대방을 배려하는 관점에서 다음의 한
마디를 덧붙인다면 감사의 마음과 한 번 스친 인
연도 얼마나 소중히 여기는지가 잘 전해지지 않
을까요?

# 미묘한 불편함을 주는 것,
# 이는 무례한 일입니다

당신은 최근 일주일 동안 누군가의 말과 행동에 대해 '무례하군', '실망스러워' 하고 생각한 적이 있었나요? 저는 잠깐 생각해도 세 번 이상은 있었습니다.

- 쇼핑 후에 결제가 끝나자 점원이 눈도 마주치지 않고 한 손으로 신용카드를 건네주었다.
- 내가 타고 내릴 때까지 택시 기사 분이 한 말이라고는 "8,000원이요"뿐이었다.
- 만원의 엘리베이터에서 내가 '열림' 버튼을 끝까지 누르고 있었는데, 모두 나보다 앞서 아무 말도 없이 내렸다.
- 모르는 사람의 SNS에서 '코로나19 덕분에 가게에 손님이 없어서 완전 좋다!'는 내 눈을 의심하게 만드는 글을 보았다.

이렇게 적고 보니 제가 사소한 일을 신경 쓰는 타입인 데다 생색내기를 좋아하는 사람처럼 보일지도 모른다는 생각이 드네요. 아예 틀린 말은 아닐 겁니다. 저는 남들이 '까다롭다'고 생각해도 아무렇지 않고, 제 그릇이 작다는 사실도 잘 알고 있습니다. 물론 '제 그릇이 작다'는 것을 대놓고 선언하려는 건 아닙니다.

중요한 건 무례하게 생각되는 행동을 아무렇지 않게 지속하는 사람들을 만났을 때 '나와는 좀 다른 사람이다' 하고 냉정하게 받아들인 다음, 그때 느낀 불편함에 어떻게 대처하느냐입니다.

특히 앞의 예에서 밑줄을 그은 것은 간과하는 사람도 있고, 특별히 거슬리지 않는 사람도 있는 '미묘한' 부분입니다. 그때 택시 기사분은 우연히 기분이 좋지 않은 상태였을지도 모르고, 지나고 보니 하잘것없는 일이었거나 그런 무례한 상대방의 얼굴이나 목소리도 이미 잊어버렸어요.

하지만 들은 말, 당한 일에서 느낀 미묘한 불편함만은 아무리 해도 납득이 가지 않은 채 마음에 남을 때가 있습니다. 이미 감염으로 사망한 분이나 치료 중인 분, 일자리를 잃은 분도 있는 중대한 국면에서 '코로나19 덕분'이라는 것은 너무나 경솔한 표현이 아니었나 싶어요.

저처럼 평소에 사람들의 말과 행동에서 '무언가 무례하다', '실망스러워'와 같은 생각과 감정으로 민감하게 반응하는 사람들은 단순히 까다롭거나 짜증을 잘 내는 것이 아니라, 자신도 남들에게 무례한 행동을 하고 있을지 모른다며 되돌아보는 기회가 있는 것이라고 생각합니다.

무례한 일을 당했을 때의 대처법을 생각하다 보면 짜증이나 화에 휘둘리지 않고 '이렇게 생각하면 될 일이다' 하고 차분히 사람과 사회를 대할 수 있다는 장점도 있습니다. 덕분에 일이든 사생활이든 좋은 기분을 유지할 수 있고, 무례한 일을 당해도 감정적으로 동요되지 않는 '강한 정신력'을 가질 수 있지요.

이런 '미묘한 불편함'이란 사람을 만났을 때 느끼는 불확실함과 짜증을 말합니다. 누군가의 말이나 행동에 대해 '그거 이상하지 않나?', '이게 괜찮은 건가?', '나 지금 상처받은 거 같은데', '이게 웃을 일인가?', '이거 그냥 지나가도 될 일일까?' 하고 머릿속으로 자문자답이 시작된다면 그건 틀림없이 '미묘한' 혹은 '분명한' 불편함일 거예요.

## 불편한 마음이 들게 되는 일들

- 패밀리레스토랑에서 주문을 할 때 "햄버그스테이크!"라고만 말하는 사람

  **불편한 포인트** 왜 '주세요'나 '부탁합니다'라는 한 마디를 붙이지 않는 거지?

- 주문한 지 20분도 지나서 햄버그스테이크를 가져온 점원이 무표정한 얼굴로 "주문은 더 없으신 거죠?"라고 말하고 돌아서자 그 점원을 두고 "이래서 알바생은 안 된다니까"라고 말하는 사람

**불편한 포인트** 왜 점원은 "오래 기다리시게 해서 죄송합니다"라고 사과하지 않는 걸까?

**불편한 포인트** 점원이 예의를 모르는 건 사실이지만, 그건 그 점원의 태도 문제인 건데 왜 아르바이트를 하는 이들 모두를 비난하는 식의 발언을 하는 거지?

• 아무도 뒤에 사람이 있다는 것을 모른 채 길을 다 차지하고 천천히 걸으며 진로방해를 할 때

**불편한 포인트** 옆을 보며 말하는 사람의 눈에는 뒤에서 걷는 사람이 보일 텐데 어째서 미안하다며 길을 비켜주지 않는 거지? 그 말과 행동만으로 모두 기분이 좋아질 텐데.

저는 "고마워요", "부탁합니다", "죄송해요" 등의 기본적인 말을 못하는 사람이나, 한 가지 단편적인 일만으로 "○○한 사람은 모두 안돼"라고 말하는 사람을 볼 때면 불편함을 느낍니다.

여행을 다녀온 당신이 "어제 사왔던 과자, 입에 맞았는지 모르겠네?" 하고 친구에게 물었을 때 "앗, 깜빡하고 아직 못 먹어봤어"라고 대답한다면 살짝 기분이 상하지 않나요?

물론 깜빡 잊을 수는 있지만, 만약 "어머 미안해! 귀한 선물이라 오늘 밤에 천천히 맛보려고 했거든. 먹어보고 꼭 알려줄게"라고 한다면 단번에 기분이 좋아지지 않을까요?

사회생활을 하는 이상 가족을 포함해 타인에게 불편함을 느끼더라도 신경 쓰지 않으려고 참고 노력하는 분들도 있을 겁니다. 감정적인 태도를 보이지 않고 상대방을 너그럽게 받아들이며 원만하게 지낼 수 있다면 현명하겠지만, 저처럼 '미묘한 불편함'은 무시하려고 하면 할수록 더 신경이 쓰이는 법이거든요. 이때 내면에서 미묘한 불편함은 '무례함 때문'이라고 인식하고 객관적으로 볼 수 있다면 침착하게 그 상황을 재미있다고 여기는 경지에 도달할 수 있습니다.

무례한 일을 당했을 때의 대처법을 생각하다 보면 짜증이나 화에 휘둘리지 않고 '이렇게 생각하면 될 일이다' 하고 차분히 사람과 사회를 대할 수 있다는 장점도 있습니다. 덕분에 일이든 사생활이든 좋은 기분을 유지할 수 있고, 몰상식한 일을 당해도 감정적으로 동요되지 않는 '강한 정신력'을 가질 수 있지요.

# 나 자신을 돌아볼 수 있는 힌트,
# 상대방의 '무례함'

언젠가 우리 회사에서 운영하는 화장품을 애용해주는 친구와 수다를 떨 때의 일입니다. 우연히 그 자리에 함께 있던 다른 여성이 갑자기 "어째서 다들 금세 화장품 사업을 하려고 들죠? 그렇게 돈이 되나요?" 라고 말했습니다.

제가 아직 다른 사람의 무례한 말이나 행동에 대해 순간적으로 판단하지 못하던 20대였다면 그 여성의 말에 '그런 몰상식한 말이 어디 있어! 어이가 없네!' 하고 그녀를 피하려고 했을 겁니다.

애당초 그녀의 발언 속에 있는 '다들'이나 '금세'의 정의도 명확하지 않으니 진지하게 받아들여서 반응할 필요가 없는 건 자명했습니다. 더불어 '하려고 든다'는 표현은 비난하는 느낌도 포함하고 있는데, 아무런 주저함 없이 그런 말을 내뱉다니, 여성의 품성이 의심스러웠어요.

저는 그녀의 말에 부정도 긍정도 하지 않고 "돈을 많이 버는 사람들은 분명 노력을 많이 하는 거겠지요. 우리 회사는 아직 한참 멀었지만요"라고 했더니, 그녀는 "아~" 하고는 입을 다물었습니다. 그 후에는 원래 저와 수다를 떨던 친구가 다른 화제로 전환하는 센스를 발휘해 주었어요. 덕분에 "어째서 다들 금세 화장품 사업을~ " 운운하던 여성이 만든 불편한 분위기는 사라졌습니다.

불편함을 느끼게 하는 사람을 만나더라도 우연히 그 순간의 말이나 행동이 눈에 띈 것일 뿐인 경우도 있으니, 한 번의 일로 상대방에 대해 좋고 싫음을 판단할 필요는 없을지도 모릅니다. 그러니 초점은 '불편함을 느끼게 한 상대'가 아니라 '내가 느낀 불편함'에만 맞추면 됩니다.

생활 속에서 느끼는 '불편함의 정체'를 내버려 두지 않고 원인을 찾았다면, '나는 나의 가치관에 자신감을 갖고 있으면 될 일'이라고 생각하고 행동할 수 있기를 바랄 뿐입니다. 불편함을 느껴도 억지로 웃어 보이거나, 어떻게 반응해야 좋을지 몰라 허둥대고 감정적으로 동요할 필요는 없습니다. 미묘한 불편함의 정체가 무엇인지 정확히 마주 보고, 자신의 말과 행동을 돌아보는 힌트로 삼으세요.

생활 속에서 느끼는 '불편함의 정체'를 내버려 두지 않고 원인을 찾았다면, '나는 나의 가치관에 자신감을 갖고 있으면 될 일'이라고 생각하고 행동할 수 있기를 바랄 뿐입니다. 불편함을 느끼게 하는 사람을 만나더라도 우연히 그 순간의 말이나 행동이 눈에 띈 것일 뿐인 경우도 있으니, 한 번의 일로 상대방에 대해 좋고 싫음을 판단할 필요는 없을지도 모릅니다. 그러니 초점은 '불편함을 느끼게 한 상대'가 아니라 '내가 느낀 불편함'에만 맞추면 됩니다.

# 무례한 사람에게서 나를 지키는
## '불편함 체크리스트'

'정말 무례한 사람이군.'

'계속 이상한 이야기만 해.'

'생각이 좀 극단적이야.'

이러한 불편함을 느꼈다면 '음, 이 사람은 나와 다른 감각을 가졌구나' 하고 머릿속으로 명확히 구분 지어 보세요. 평정심을 되찾고 대처하기 쉬워질 겁니다. 그리고 불편함을 인정하려면 자기 안에서 '불편함 체크리스트' 같은 항목을 미리 정립해두는 것이 좋습니다. 다음은 저의 불편함 리스트입니다.

### 타인의 말과 행동에 관한 불편함 체크리스트

- 누군가가 상처를 받을 만한 내용인가?
- 상대방에게서 적의가 느껴지는 내용인가?

- 상대방의 존중하는 마음이 느껴지는가?
- 자신 있게 다른 사람에게 말할 수 있는 내용인가?
- 자신의 기분이 좋은가?

대화 중에 '아니, 그 사람은 나쁘지 않아', '이번에는 우연히 그랬나 봐', '내가 멘탈이 약한가 봐', '내가 마음이 좁은 것뿐이야' 하고 억지로 생각하려고 하면 결국은 자신의 본심이나 상대방의 본질을 보지 못하게 될 겁니다. 저는 상대방의 말이나 행동에서 불편함을 느꼈다면 '저 말은 내게 너무 상처가 되는 말이야', '저 태도는 ○○ 씨에게 실례잖아' 하고 일단은 판단하는 습관을 들이라고 권합니다.

불편함이 무엇인지를 명확하게 알게 되면 당신 자신이 소중히 여기는 가치관을 지킬 수 있고, 상대방과 어느 정도 거리를 유지하며 교류하여 스트레스도 줄일 수 있거든요. 그리고 '이 사람의 태도는 무례하지만 업무적인 발상력은 훌륭해. 조심해서 교류한다면 괜찮겠어', '이 사람은 자기 잘못은 인정하지 않고 절대 사과하지 않지만, 바라는 점을 알려주면 그대로 해주는 사람이구나' 하고 상대방에게서 느끼는 스트레스와 상대가 가진 장점을 알고 교류할 수도 있습니다.

사생활에서는 불편함만 느끼게 하는 사람과는 손절할 수도 있겠지만, 업무적으로는 연을 끊기 어려운 상황도 있습니다. 무례한 말과 행동이란 '그때 우연히 나온 것'이라기보다는 그 사람의 인품이나 사고방식의 일부가 드러난 일이 많다는 사실은 부정할 수 없습니다.

그러니 상대방에게서 느끼는 불편함에 잘 대처하면서 교류하려는 발상이야말로 온화한 마음으로 사는 비결이 아닐까 싶습니다. 생각을 아주 살짝만 바꿔도 스트레스 없이 대화할 수 있고, 자기다운 모습으로 당당하게 사람들과의 교류를 즐길 수 있답니다!

불편함을 명확히 하면 당신 자신이 소중히 여기는 가치관을 지킬 수 있고, 상대방과 어느 정도 거리를 유지하며 교류하여 스트레스도 줄일 수 있습니다. 상대방에게서 느끼는 불편함에 잘 대처하면서 교류하려는 발상이야말로 온화한 마음으로 사는 비결이 아닐까 싶습니다.

# '있는 그대로의 나'를 잘못 이해하면
# 무례함이 될 수 있습니다

이래저래 10년 정도 전쯤 당시 30대 초반이던 연수강사인 친구가 "진짜 멋진 사람이 있는데, 한번 선보는 게 어때?" 하고 같은 업계의 선배의 권유를 받아 한 남성과 신상 정보를 교환한 적이 있었습니다.

그런데 상대 남성의 신상 정보를 받은 그녀가 제게 상의를 해왔어요. "나는 결혼 상대에 대한 이상도 높지 않고, 많이 바라지 않는데 말이야. 이 남자의 신상 정보를 받고 보니 왠지 모르게 너무 서글픈 생각이 들어"라며 선배가 소개해준 40대 남성이 자필로 쓴 신상과 사진을 보여주었습니다.

참고로 그녀는 커뮤니케이션 능력이 탁월하고, 밝고, 겸손하며, 배려의 달인이라 불릴 정도로 누구든 기분 좋게 대화할 수 있는 여성이었고, 동성인 제가 봐도 매력적이었어요. 패션이나 생활방식은 심플하고, 독립심이 강해서 남성의 수입에 대해서는 거의 신경 쓰지 않는

현실적인 여성인데, 그녀가 보여준 그 남성의 신상은….

우선 눈에 띈 것은 편지 봉투와 편지지에 남은 얼룩과 몇 군데 글을 고쳐 쓴 듯한 흔적이었습니다. 읽어보니 글씨를 잘 쓰고 못 쓰는 것을 떠나 휘갈겨 쓴 듯한 글씨에, 단 몇 줄만 봐도 뭐라고 썼는지도 잘 이해가 되지 않는 글이라니 보기만 해도 걱정스러울 정도였습니다.

당사자의 사진은 더 놀라웠습니다. 얼룩이 가득한 낡은 벽지 앞에서(표현이 죄송스럽습니다만 그야말로 '남루함' 그 자체) 늘어진 티셔츠에 자다가 일어난 듯한 부스스한 머리 상태로 웃음기 하나 없이 찍은 스냅 사진이었거든요. 결국 그녀는 남성을 소개해준 선배 여성에게 정중히 사과하며 실례가 되지 않도록 '장거리 교제는 아직 자신이 없다'는 말로 선을 중단했다고 합니다. 선배 여성은 "그건 너무 실례잖아. 서른도 넘었는데 이상만 좇다가는 결혼 못 해"라며 크게 화를 냈다고 해요.

주선자인 선배 여성은 얼룩진 편지 봉투를 받았을 때 정말로 아무것도 못 느꼈을까요? 내면이 멋진 남성이라면 그것이 잘 전달되도록 글을 작성하거나 사진을 찍을 때 어떻게 하면 좋을지 구체적인 조언을 해주었더라면 좋았을 걸 그랬습니다. 어쩌면 그 남성은 '있는 그대로의 나를 보여주고 싶다'는 생각에서 뭐 하나 꾸밈없이 보여주려고 했는지도 모르겠습니다.

하지만 평생의 반려자를 진지하게 정하려는 상대에게 깨끗한 편지 봉투와 편지지를 보내야 한다는 기본적인 매너조차 생각하지 못한다는 것은 사회인으로서 매우 부정적인 이미지를 줍니다.

'이게 있는 그대로의 내 모습이니 받아들여줘야 해', '애쓰고 싶지는 않아'라는 생각이라면 남남이 한 지붕 아래에서 가족으로 살아가기 위한 각오나 노력이 거의 없다고 볼 수 있어요.

그렇다고 하여 아예 딴 사람처럼 사진을 가공하거나 누군가에게 대필을 부탁하는 식의 거짓된 모습을 보일 필요는 없습니다. 하지만 자신에 대해 알아봐주길 바라는 진지한 마음이 있다면 조금이라도 건강하고 든든한 모습으로 '만나서 이야기해보고 싶다'는 마음이 들게끔 최소한의 노력은 해야 하겠지요.

여기서 말하는 최소한이란 우선 편지 봉투와 편지지가 더러워졌으면 새 것에 옮겨 쓰고, 구김 없는 셔츠 차림에 단정한 머리, 입꼬리를 올리며 미소 짓는 사진을 보내는 정도입니다. 굳이 지저분해진 벽지 앞에서 촬영하지 말고 푸른 하늘 아래서 찍었다면 어땠을까요? 돈도 수고도 들지 않는 간단한 일이니, 실천만 하면 됐을 거예요.

글을 쓸 때는 초등학교 때 배운 대로 미리 생각해 적어둔 내용을 깔끔하게 옮겨 쓰기만 하면 되었습니다. 생판 남인 제가 말하기는 그렇지만 '있는 그대로'의 모습을 받아들여줄 사람이 있을 만큼 세상은 만만하지 않거든요.

'있는 그대로=자연스러운 그대로의 모습'이라고 여기는 사람도 있을지 모르지만, 맞선이나 회사의 면접처럼 인생을 좌우지하는 중요한 상황에서는 '있는 그대로=상대방에게 다가서려는 노력을 일절 하지 않는 사람'으로 여겨집니다.

온 세상을 찾아보면 앞의 남성이 보낸 신상과 사진을 보고도 꼭 만나보고 싶다고 할 여성이 있을지도 모르지요. 하지만 그가 보여준 '있는 그대로의 모습'으로는 만남의 기회를 갖기 쉽지 않을 것 같습니다. 있는 그대로라는 것은 '현재의 자신을 가장 예의 바르게 보여주는 모습'이라고 생각해 보면 어떨까 싶네요.

상대방의 기분이나 니즈를 잘 받아들이고, 상대방을 이해하며 자신도 이해받고 싶어 하는 사람일수록 여러 상황에서 사람과 교제할 기회가 찾아오는 법입니다!

'있는 그대로=자연스러운 그대로의 모습'이라고 여기는 사람도 있을지 모르지만, 맞선이나 회사의 면접처럼 인생을 좌지우지하는 중요한 상황에서는 '있는 그대로=상대방에게 다가서려는 노력을 일절 하지 않는 사람'으로 여겨집니다.

# 상대방의 말에 세심하게 주의를 기울일 때
# 공감력이 높아집니다

당신이 업무적으로 또는 사적으로 중요하게 여기는 사람이 "겨울휴가로 할머니를 모시고 온천여행을 다녀왔습니다"라고 말했다고 해봅시다.

그렇다면 어떻게 반응할 건가요?

"우와, 온천에 다녀오셨다니 좋으셨겠어요!", "겨울 온천이라니 부럽네요", "어디 온천에 다녀오셨어요?" 대체로 이런 반응이 많을 것 같아요.

그런데 이때 착안해야 할 것은 '할머니'라는 대상입니다. 우리는 대부분의 경우 '공개한 정보=상대방이 관심을 가졌으면 하는 정보'라는 판단 하에 하나하나의 정보를 말로 바꾸고 있다고 생각할 수 있어요. 즉, 굳이 입에 담은 말에는 '상대방이 알았으면 하는 정보', 조금이나 '관심을 갖고 물어봐주었으면', '걱정해주었으면', '더 이야기하고 싶어'

등의 바람이 담겨 있다고 보면 됩니다.

"○○ 씨, 오랜만이에요. 남편도 잘 있어요?"라는 인사에 "덕분에 건강하게 일 잘하고 있습니다. 뭐 변함없이 집안일은 하나도 안 하지만요"라고 말하는 여성이 있다고 해볼게요. '남편은 건강하다'고 답하고 있지만, '집안일은 하나도 안 하므로 스트레스가 쌓인다'라는 본심을 숨기고 있는지도 모릅니다.

이때 "남편이 집안일을 안 하는구나. 고생이 많네"라고 말하지만 말고 "○○ 씨, 집안일을 혼자서 척척 처리하다니 역시 대단해요!" 하고 반응하면 자신에 대해 알아주는 사람이 있다는 생각이 들어 조금은 보상받는 기분이 들지 않을까 싶습니다. 그리고 우연히 만난 사람에게 "요즘 바쁘세요?"라고 물었는데 상대방이 "덕분에 잘 지냅니다. 지난주에는 규슈에 출장도 다녀왔어요"라고 대답했다고 합시다.

그저 출장을 다녀왔다는 말이 아니라, 군이 '규슈'라는 지명이 나왔으니 구체적으로 규슈에 관해 무언가 말해주었으면 하는 생각이 내재해있는지도 모르지요. 그럴 때는 "그러셨어요? 출장 다녀오느라 고생하셨네요. 일로 간 거니 시간이 별로 없으셨겠지만, 규슈에서 뭐 맛있는 음식이라도 드셨나요?" 하고 물어보면 상대방이 신이 나서 대답하지 않을까 싶습니다.

상대방이 특히 인명이나 지명을 언급했다면 그 정보에 대한 애착, 또는 무언가 집착이 있다고 생각하고 이야기의 화제로 삼는 사람은 예리한 관찰력을 가진 데다 경청할 줄 아는 사람일 거예요.

잠깐 첫 사례로 되돌아가 보겠습니다. '온천'에만 반응하는 사람보다도 "할머니와 온천여행을 가시다니 너무 멋져요", "할머니하고 친하신가 봐요. 멋진 손녀를 두셔서 할머니는 좋으시겠어요" 하고 상대방과 할머니의 관계성에 대해서도 언급한다면 상대방은 분명 더 기뻐할 겁니다.

저는 상대방이 하는 말에서 구체적으로 언급된 인물이나 지명, 심정 등을 모두 잘 받아드려서 어떤 말에 내가 반응해야 할지 우선순위를 매기고 머릿속에서 그려봅니다. 상대방의 이야기에 맞춰 순위를 바꿔가면서 듣지요. 그리고 적절한 타이밍을 봐서 가볍게 대화에 끼어들 때 "할머니랑 가까이 사시나 봐요?", "규슈는 자주 가시나요?" 하고 질문합니다. 이처럼 상대방이 말한 것을 근거로 질문하면 상대방은 당신이 얼마나 관심 있게 이야기를 들었는지 느낄 수 있을 겁니다.

예를 들어 "지난 주에 가족한테 옮은 감기가 겨우 나았어요"라고 말한 사람이 있다고 해봅시다. "참 고생 많으셨어요"라는 말이 떠올랐다면 당신은 배려심이 있는 분입니다.

그런데 상대방이 말한 정보를 생각하면 사실 한 마디 덧붙여야 해요. 상대방의 컨디션에 대한 걱정 어린 배려, 그리고 먼저 감기에 걸린 가족들에 대해서까지 반응할 수 있다면 어떨까요?

예를 들면 "○○ 씨, 고생 많으셨네요. 가족분들도 잘 회복되셨나요? 지난주에는 가족들 돌보느라 피곤했을 것 같습니다. 식욕이나 체력은 돌아왔나요? 감기가 낫자 마자 이렇게 시간을 내주셔서 감사합니다"라고 반응한다면요?

'감기에 걸려서 힘듦', '가족들을 간병하느라 힘듦'이라는 관점에서 상대방을 배려하는 말을 한다면 당신에 대한 신뢰도는 훨씬 높아질 거예요. 저 역시 별 생각 없이 한 말에 상대방이 하나하나 정중하게 관심을 갖고 걱정해주거나 따뜻한 말을 걸어오면 '어쩌면 이렇게 상냥할까?', '이 사람은 참 여유가 있구나' 하고 느끼며 '상대에 대해 더 신경을 써야겠다'고 다짐하게 됩니다.

미팅에서 이야기하는 동안에 몇 번인가 기침을 한 상대방에게 "괜찮으세요?" 하고 순간적으로 물어볼 수 있다면 이미 배려를 잘하고 있는 사람일 겁니다. 하지만 미팅이 끝난 후에 "기침이 얼른 나으면 좋겠네요. 건강 잘 챙기세요"라며 한 마디 덧붙인다면 깊은 통찰력과 친절한 마음을 느낄 수 있겠지요.

상대방이 이야기한 것을 모두 주의 깊게 들으라니 번거롭다고 생각하시나요? 혹은 너무 힘들 거라는 생각이 드는 이라면 약간 어려운 일일지도 모릅니다. 그래도 '이 사람과 친해지고 싶다!', '이 사람에게 신뢰를 주고 싶다', '이 사람과 함께 일하고 싶다'는 강한 의지와 목적이 있다면 우선은 대화에 등장하는 다음의 포인트를 확인해 보시기 바랍니다.


### 반응해야 할 말 리스트
#### • 인물
할머니, 회사 동료 ○○ 씨, 친구 ○○ 씨, 아버지 등

**• 구체적인 장소(지명, 가게 이름 등)**

규슈 출장, 오사카에 있는 ○○라는 오코노미야키 가게, 요코하마의 ABC빌딩에 있는 모 서점 등

**• 구체적인 시간**

오늘은 오후 3시까지 회사에 복귀해야 한다, 토요일은 낮 12시에 치과 예약이 있다 등

**• 상대방이 많이 하는 말**

컨디션이 별로다, 바쁘다, 좋은 일이 있다, 모 선배의 조언 등


〈반응해야 할 말 리스트〉를 활용하면서 '감기에 걸린 이야기=힘들다'는 발상에 그치지 말고 늘 상대방의 상황이나 심정에 더 공감할 수 있는 반응은 없을지 찾아보세요. 그저 "응응" 하며 이야기를 들어주는 표면적인 기술은 필요하지 않습니다. 이야기에 귀를 기울이고, 상대방에게 중요한 말의 우선순위를 생각하기만 해도 돼요. 당신이 '좀 더 이 사람에게 도움이 되고 싶다', '이 사람에게 특별한 사람이 되고 싶다'고 생각할수록 지금보다 더 상대방의 이야기를 깊이 있게 듣고, 또 확장시킬 수 있을 겁니다.

늘 상대방의 상황이나 심정에 더 공감할 수 있는 반응은 없을지 찾아보세요. 그저 "응응" 하며 이야기를 들어주는 표면적인 기술은 필요하지 않습니다. 이야기에 귀를 기울이고, 상대방에게 중요한 말의 우선순위를 생각하기만 해도 상대방은 깊은 통찰력과 친절한 마음을 느낄 수 있겠지요.

# 물건이 없을 때 "다 팔렸습니다"라고만 답하는 점원은 되지 마세요

상대방이 이야기하는 것에 대해 매번 질문하면 이야기의 흐름을 끊게 됩니다. 그러니 이야기를 들을 때는 앞의 '상대방의 말에 세심하게 주의를 기울일 때 공감력이 높아집니다'에서 설명한 〈반응해야 할 말 리스트〉를 활용하여 상대방의 말 중에서 신경 쓰이는 부분을 머릿속 한편에 저장하고, 타이밍을 봐가면서 질문하거나 더 깊이 파고들기 바랍니다.

최근에 '왜 그 질문을 못 했지!' 하고 제멋대로 아쉬워한 에피소드가 있습니다. 한번은 어떤 카페에 테이크아웃용으로 샌드위치를 사러 갔을 때의 일입니다. 가게 안을 보니 어떤 여성이 점원에게 무언가 설명을 하고 싶은지 스마트폰 화면을 손가락으로 가리키면서 매우 빠르게 움직이는 모습이 눈에 들어왔습니다.

"조카가 부탁한 케이크가 있는데, 아 찾았다. 그건 바로 밀푀유예요! 아직 남아 있나요?" 하고 그녀가 점원에게 물었어요.

그러자 점원은 "오늘은 벌써 다 팔렸습니다"라며 무뚝뚝하게 대답하고 멍하니 서 있었습니다.

만약 당신이 점원의 입장이었다면 어떻게 반응할 건가요? 상상해보면 그 고객은 조카를 기쁘게 해주려고 요청받은 밀푀유를 꼭 사다주고 싶었겠지요.

혹은 조카가 다쳤거나 아파서 병문안을 가려는 것인지도 모르고, 특별히 축하할 일이 있어서 꼭 사야만 했는지도 모릅니다.

어쨌든 아마도 조카의 웃는 얼굴이 보고 싶어서 밀푀유를 찾아 이 가게에 온 손님인 겁니다.

요청한 밀푀유를 사기 위해 일부러 전철이나 버스를 갈아타고 시간을 들여 온 것일 수도 있어요. 혹여 가게 근처에 산다고 해도 상대방의 사정을 전혀 모르는 상태에서 진행되는 대화라면 늘 여러 상황을 고려해두는 편이 실례를 피할 수 있습니다. 이렇게 생각하면 어떻게 반응해야 할지 자연히 알게 되셨을 거예요.

"죄송합니다. 조카 분이 원하셨던 케이크가 오늘은 다 나가고 없네요. 혹시 괜찮으시다면 조카 분이 좋아하는 다른 종류의 케이크는 없나요? 있다면 알려주세요."

자, 여기서의 포인트는 고객의 '조카'라는 한 마디입니다.

우리는 무언가를 설명할 때 '누가'에 대한 정보를 말하는 일이 많습니다. 상대방이 언급한 소중한 '누군가'에 대해 굳이 점원이 '조카 분'

이라고 말함으로써 상대방과의 거리가 단번에 줄어드는 겁니다. 게다가 밀푀유가 다 팔리고 없는 상황에서 어떻게 해야 할지 실망한 고객에게 다른 제안을 하는 점원이 있다면 얼마나 든든할까요?

그렇게 반응한다면 설령 사려고 했던 밀푀유가 없어도 기분 좋게 다른 케이크를 골라 사갈 수도 있을 겁니다. 원하는 것을 찾아 일부러 가게에 왔는데 '다 팔리고 없다'는 이야기를 듣는다면 대부분은 어쩔 수 없다며 가게를 나서겠지요. 손님을 이렇게 대하는 것은 안타깝지만 프로의 자세라고 할 수 없습니다. 그럼 이제 다른 사례를 생각해봅시다.

"이곳의 단팥빵을 선물로 사가면 요양원에 계신 어머니가 무척 좋아하세요"라고 말하는 고객이 있다면 "어머나, 너무 반가운 말씀이네요! 감사합니다. 요양원에 계신 어머님께도 감사하다고 전해주세요. 꼭 또 들러주시길 기다리겠습니다"라고 반응할 수 있겠지요.

이와 대조적으로 "그러시군요"라는 한 마디로 반응하는 점원이 있다면 상대방의 이야기를 전혀 잘 받아들이지 못한 것으로 느껴질 수 있습니다.

우선은 상대방이 말하는 '주어'와 '기분을 나타내는 말'에 주의하며 듣는 것이 첫 번째 단계예요. '무엇(What)', '왜(Why)', '언제(When)', '어디(Where)', '누구(Who)'를 놓치지 않아야 하는 것과 마찬가지입니다. 의문사만 잘 들으면 문제의 답이 '인원 수'인지, '일수'인지, '장소'에 관한 것인지 알 수 있지요.

이와 마찬가지로 상대방의 말을 잘 활용하려면 우선 단어 자체에서 하나의 정보를 포착해야 합니다. 자, 우선은 어깨의 힘을 빼고 표정을 부드럽게 한 후(어깨를 돌리고, 입을 크게 벌리며 가, 나,다, 라, 마를 연습해보세요), 당신이 지금껏 보다 더 신뢰받아야 할 사람에게 다가가기 위해서 말이지요.

상대방이 이야기하는 것에 대해 매번 질문하면 이야기의 흐름을 끊게 됩니다. 그러니 이야기를 들을 때는 앞의 '상대방이 한 말은 모두 주우라'에서 나온 〈반응해야 할 말 리스트〉를 활용하여 상대방의 말 중에서 신경 쓰이는 말을 머릿속 한 켠에 저장하고, 타이밍을 봐가면서 질문하거나 더 깊이 파고들기 바랍니다.

# 이야기를 제대로 듣지 않고
# 맘대로 단정 짓고 있진 않은가요?

"나도 그런 적이 있었어. 그렇지만 지금 이렇게 살아 있잖아. 그러니 너도 힘내."

한 연애드라마에서 실연을 당해 기운 없이 지내는 회사 후배에게 선배가 빌딩 옥상에서 자신의 힘들었던 경험담을 이야기하자, 후배가 "그런 일이 있으셨군요" 하고 중얼거리는 장면이 있었습니다.

그것을 보던 저는 '아이구, 결국 선배가 화제를 뺏어가버렸네'라는 생각을 지울 수가 없었어요. 다른 드라마에서는 고민을 안고 있으면서도 줄곧 침묵을 지켰지만 끝내 문제행동을 일으킨 고등학생에게 "선생님도 옛날에는 이런저런 일이 많았단다"라며 교사가 자신의 체험담을 장황하게 이야기하는 장면도 있었습니다.

후배나 학생으로부터 존경받고 있다면 그나마 낫지만, 그렇지 않다면 실연한 여성도 깊은 고민을 가진 고등학생도 '결국은 또 자기 얘기야?' 하는 마음이 들어서 중간에 그만 듣고 싶지는 않았을까요?

'나를 위해 이야기해준 거야. 선배 덕분에 힘이 났어', '역시 선생님이셔. 과거에 많은 일이 있으셨구나' 하고 침착하게 긍정적으로 받아들이는 사람만 있는 것은 아니니까요.

상대방에게 조언이나 설교를 즐겨 하는 사람은 '내가 이야기하면 상대방은 마음을 열어줄 것'이라는 착각에 빠져 있는 경우가 많은 것 같아요. 만약 제가 실연한 여성이고 고민이 많은 고등학생이라면 가뜩이나 우울한 사람에게 자기 이야기만 하는 사람들을 보고 '자기애 넘치는 어른들'이라고 생각했을 것입니다. 그 자리에서는 '알겠어요'라며 납득한 척하지만 내심 '이 사람에게 이야기해 봐야 소용없다'고 여기는 것이지요.

어느 유명한 임상심리학자는 본인의 저서에서 사람이 상대방에게 단정 짓는 듯한 말을 하는 것은 '단정 짓는 것이 훨씬 편하고, 문제가 정리되었다는 착각이 들기 때문'이며, 설교를 하는 것은 '설교라는 것이 설교하는 사람의 정신건강에 크게 도움이 되기 때문'이라고 말했습니다.

업무적으로도 사적으로도 저는 그 책으로 많은 힐링을 받았고, 사람을 대할 때의 본질을 배웠습니다. 상대방의 이야기를 듣지 않고, 상대방의 침묵을 기다릴 각오도 없이 '우선은 내 이야기부터 하고 보자', '내 경험을 말하면 상대방도 좋아할 거야'라고 생각하는 것은 사실 매우 주제넘고 무례한 것이 아닐까요?

상대방을 신뢰할 수 있느냐 아니냐는 당신의 고민을 들은 상대방이 어떤 이야기를 하는지를 보면 알 수 있을지도 모릅니다. 도움이 되겠지 싶어 자신의 일을 이야기하면 할수록 사실 상대방은 '이 사람에게 이야기하는 게 아니었어'라며 거리를 두려고 해요.

아무리 대단한 경험을 한 사람이라도 자신에 대해서만 이야기한다면 사람들의 마음을 열지 못하는 법입니다. 이는 이야기의 옳고 그름이 아니라, 자신의 이야기만 하려는 자세에 실망하기 때문입니다.

소중한 사람의 문제를 해결하고 싶다면 자신이 기분 좋게 이야기하는 것이 아니라, 끈기 있게 상대방의 이야기를 듣고 이해하려는 태도를 보이는 것이 중요합니다. 그것이 진정한 의미의 공감이죠.

상대방을 신뢰할 수 있느냐 아니냐는 당신의 고민을 들은 상대방이 어떤 이야기를 하는지를 보면 알 수 있을지도 모릅니다. 도움이 되겠지 싶어 자신의 일을 이야기하면 할수록 사실 상대방은 '이 사람에게 이야기하는 게 아니었어' 라며 거리를 두려고 합니다.

# 내 멋대로 추측하고 단정 짓는 건
# 실례가 될 수 있습니다

20대의 저는 일본 내의 항공회사에서 객실승무원으로 일했습니다. 입사 후 트레이닝을 마치고 비행을 나선 지 몇 달이 지났을 무렵, 제 한마디 때문에 승객에게 호되게 혼이 난 적이 있었어요.

바로 제가 담요를 갖고 캐빈 패트롤(기내를 돌며 서비스를 제공하거나 승객의 모습을 확인하는 업무)을 하고 있을 때의 일입니다.

60대 정도의 남성과 여성 손님이 옆자리에 앉아 있었는데, 남성이 저와 눈이 마주치자 "한 장만"이라며 손을 들어 담요를 요청하시기에 "네, 여기 편하게 사용하십시오"라며 건넸습니다.

그리고는 곧장 옆자리의 여성을 향해 "사모님은 괜찮으신가요?" 하고 물었는데, 담요를 건네받았던 남성이 "집사람 아니야!"라며 주위 사람들이 놀랄 정도로 험악한 표정으로 제게 소리를 질렀던 것입니다.

당시에는 영문도 모른 채 죄송하다며 즉각 사과한 후 자리를 떴습니다. 선배에게 이 일을 보고하자 "우리가 모르는 사정이 있는 거니까. 부부나 가족이라고 단정 짓지 말고 한 사람 한 사람 고객을 대하도록 하세요"라고 알려주셨어요.

결국 무엇이 승객의 역린을 건드렸는지는 알 수 없지만, 제가 '사모님'이라고 한 것에 무언가 불쾌한 이유가 있었던 것만은 틀림없습니다.

'처음 만난 상대의 호칭은 멋대로 입에 담아서는 안 된다'는 사실을 온몸으로 배운 셈이지요.

이러한 '외견적' 정보로 단정 짓는 것 외에도 '이러이러하니까 남성은 난잡해서 싫다', 'A형은 소심하다', '저 사람은 분명 좋은 사람이야' 등 자신의 착각에 빠져 발언하는 사람도 있습니다.

사람들이 저마다 가치관을 자유롭게 갖는 것은 좋지만, 그것을 망설임 없이 남들 앞에서 입에 담을 때에는 주의가 필요합니다. 착각으로 인해 단정적인 말을 하면 결국은 시야가 좁은 사람으로 보일 뿐입니다. 나이나 성별, 국적에 관계없이 모든 사람에게는 다양한 특징이 있어요. 편협한 발언을 거두기만 해도 착각으로 인한 실언을 피할 수 있답니다.

사람들이 저마다 가치관을 자유롭게 갖는 것은 좋지만, 그것을 망설임 없이 남들 앞에서 입에 담을 때에는 주의가 필요합니다. 착각으로 인해 단정적인 말을 하면 결국은 시야가 좁은 사람으로 보일 뿐입니다.

# 거친 말, 유행어 등으로 자신의 품격을
# 떨어뜨리고 있지는 않나요?

이전에 언어학자 킨타이치 히데오(金田一秀穗) 선생이 모 매체와 진행한 인터뷰 기사에 매우 인상적인 말을 하셨습니다. 젊은이들이 쓰는 줄임말이나 신조어에 관해 "그런 말들은 언어 파괴가 아니라 언어의 변화다"라는 취지로 말씀하셨어요. 결론적으로는 '자기다운 말로 이야기하면 상대방에게 마음을 잘 전달할 수 있다'는 말로 끝맺었는데, 고개가 절로 끄덕여지면서, 그분의 유연한 사고방식에서 한 수 배웠습니다.

그 기사를 통해 커뮤니케이션은 말의 쓰임이 '옳다', '그르다'는 기준이 중요한 게 아니라, 그 사람의 표정, 목소리, 대화 중의 배려, 이야기하는 내용이야말로 의미가 있다는 사실을 다시금 확인할 수 있었어요. 물론 확연히 오사용인 경우도 있지만요.

어떤 사람이 "우리 사장님께서 그렇게 하고 계시다고 말씀하셨으니…"라고 말하면, 내용보다도 '존댓말은 제대로 사용할 줄 아는 건가?' 싶어서 신경이 쓰입니다.

'구독점'을 잘못 읽거나 속담의 뜻을 잘못 알고 사용하는 것처럼, 정답과 오답이 분명한 언어 사용법은 당연히 사회생활을 하는 이들의 소양입니다. 그러므로 시간 있을 때 공부해두는 것이 좋습니다. 다만 정중하지 못하거나, 난폭하게 들리고, 인간적으로 겉과 속이 다르게 느껴지는 말을 사용한다면 한시라도 빨리 깨달아야 합니다.

예를 들어 레스토랑에서 "주문한 커피가 아직 안나왔는데요"라는 말에 점원이 "진짜요? 대박 늦었네"라고 반응한다면 놀라지 않을까요?

즉, 상대방이 기분 좋게 여기고 서로의 입장이나 대화의 목적, 상황과 환경에 적합한 말을 골랐을 때 비로소 말이 살아나는 법입니다. 또 하나, 그 말을 사용해보았을 때 의미가 잘 느껴지지 않고 애매모호하다면 한 번쯤 그 말에 대해 생각해 보는 것이 좋습니다. 예를 들어 제가 불편함을 느끼는 말은 아래와 같습니다.


## 왠지 모르게 불편함이 느껴지는 말 리스트

- (손님에게) "이거 진짜 끝장난다 끝장나" ⇨ "우와 정말 잘 어울리시네요."

- "대박! 깜빡했네." ⇨ "어쩌지! 깜빡했네."

- "아재개그 먹힌다!" ⇨ "아저씨 개그 최고!"

- "우리 신랑이" ⇨ "남편이"

- "우리 색시가" ⇨ "아내가/집사람이"
- "저 영감탱이가" ⇨ "할아버지가", "고령의 남성", "연세 있으신 남성분"
- "이제 할망구 다 됐지" ⇨ "이제 할머니니까."
- "짱나", "구라야" ⇨ "짜증 나", "거짓말이야."
- "레알?" ⇨ "진짜야?"
- "빨랑빨랑 먹어!" ⇨ "조금 더 서둘러 먹자."
- "그때 준 과자 같이 먹을래요?" ⇨ "괜찮으시면 그때 선물로 주신 과자 같이 드실래요?"
- "우리 집 개 완전 똥멍충이야!" ⇨ "우리 집 개가 머리가 안 좋아."
- "외노자가 많네" ⇨ "외국인이 많아."

어디까지나 저의 개인적인 리스트이고 세대나 성별에 따라 차이가 있을 듯합니다. 혹시 일상생활에서 불편하게 느껴지는 말이 있지 않나요? 물론 리스트에 있는 말을 사용하는 사람들을 볼 때마다 경멸하거나 하는 것은 아닙니다. 사람에 따라서, 또 그때의 상황과 관계에 따라 군이 '대박! 겁나 맛있어!' 등의 사용이 심정을 더 잘 표현할 때도 있으니까요. 어떤 사람이 "우리 집 개는 정말 멍청한데, 그게 진짜 귀여워요"라고 말했다 해도 그 '멍청하다'는 말 이면에는 분명 사랑이 자리하고 있기 때문에 누군가를 상처 입히거나 난폭한 말로는 들리지 않습니다.

다만 "파견이 말이야", "외노자들", "기분 잡치네"처럼 난폭하게 들리거나 사람을 깔보는 듯한 말과 죽음에 대한 이야기를 가볍게 입에 담는 것은 특별히 주의가 필요합니다. 그런 말을 사용하는 상대방이 제 눈앞에 있다면 실망스러워서 내심 거리를 둘 것 같아요. 말에서는 의도하지 않아도 그 사람의 본성이 느껴집니다.

난폭한 표현을 사용하는 사람 주변에는 그 말이 누군가에게 상처를 주거나 말하는 사람의 품위를 떨어뜨린다는 것을 모르는 사람이 많을지도 모르지요. 만약 그렇다면 그런 환경 속에서는 언어 감각이 마비되어버려요. 본인에게 정말 강한 의지가 있다면 몰라도, 점차 친구들이 아닌 사람에게조차 그런 말을 거침없이 쓰게 될 거예요.

다시 말해 부끄러움이 없어지고, 말을 할 때 상대방이 자신을 어떻게 생각할지 고민하지 않는다면 말은 거칠고 품위 없는 쪽으로 바뀌어버립니다. 반면에 "고마워요", "죄송합니다", "좋아해요", "존경해요" 등은 오래도록 쓰고 싶은 보석 같은 말입니다. 사용하고 싶은 말과 사용하지 않아도 될 말을 정리해보면 인간관계에서 새로운 전개가 펼쳐질지도 모릅니다.

난폭한 표현을 사용하는 사람 주변에는 그 말이 누군가에게 상처를 주거나 말하는 사람의 품위를 떨어뜨린다는 것을 모르는 사람이 많을지도 모르지요. 만약 그렇다면 그런 환경 속에서는 언어 감각이 마비되어버려요. 본인에게 정말 강한 의지가 있다면 몰라도, 점차 친구들이 아닌 사람에게조차 그런 말을 거침없이 쓰게 될 거예요.

# 순간의 말 한 마디를 통해 드러나는
## 자신의 품격

⌣

'소양' 다시 말해 가정교육에 대해 이야기하면 제가 부유한 양가집 규수 출신인 것처럼 들릴지도 모르지만, 그렇지는 않습니다. 제가 초등학교를 졸업할 때까지 아버지는 한 집안의 가장으로서 직장에 다니셨고, 회사원의 평균적인 월급만으로 어머니와 네 명의 자녀를 부양하셨습니다. 우리 가족은 사이타마 현의 시골에 위치한 조용한 마을에 살았습니다.

그렇지만 당시 먹을 것이 부족할 만큼 곤궁한 적은 없었고 학원도 몇 군데는 다녔지만, 호화로운 생활과는 거리가 멀었습니다. 부지런하고 진취적인 부모님 아래서 소박하게 생활했습니다. 그런 제가 '가정교육'에 대해 생각하게 된 것은 어릴 때부터 어머니가 늘 '집안보다는 가정교육'이라고 말씀하신 탓인지도 모릅니다. '집안보다는 가정교육'이라는 의미는 사람은 가문이나 신분이 아니라 자란 환경이나 가정교육에 더 큰 영향을 받는다는 것입니다.

저는 예의 바른 인사법, 다른 사람의 집을 방문할 때의 예의, 젓가락 잡는 법과 식사 중에 팔꿈치를 괴지 않고 소리 내지 않고 먹기, 생선을 깔끔하게 발라 먹는 것, 다른 사람을 앞질러 행동하는 것은 미덕이 아니라는 것 등의 기본적인 예의를 어머니의 가정교육 아래 자연스레 체득하였습니다. 본인의 의지나 노력과는 무관한 어린 시절의 환경으로 인한 영향은 우리의 성격 형성에 크게 관련될 수도 있습니다. 하지만 그것만으로 지금 우리의 모든 것이 결정된다고 할 수는 없어요.

다양한 경험을 통해 스스로 선택한 일상 속의 행동이야말로 소양의 주된 요소가 됩니다. 예를 들어 어릴 때 환경이 불우하여 언행이나 예의를 알려줄 사람이 없었다고 해도, 주위 사람들을 보고 배우면서 예의에 대한 의식이 높아진 아이도 있거든요. 또한 사회인이 되어 직접 돈을 벌거나 다양한 가치관을 가진 사람을 속에 융화되면서 스스로 바뀌고자 노력하는 사람도 있습니다.

즉, 운명으로 주어진 환경뿐만 아니라, 개인의 상상력과 배양해온 감각을 통해 본인이 선택한 말과 행동이야말로 진정한 소양이라고 생각합니다. 그런 소양에 관해 예를 들어 부유한 가정의 훌륭한 부모님 아래서 자라며 일상적으로 사람을 대할 때의 말과 행동에 대한 조언을 받은 사람이라도 그것을 실천하느냐 아니냐는 다른 문제입니다.

이는 중국의 사상가 공자의 《논어》에 나오는 '배우고 생각하지 않으면 견식이 어둡다'는 말과 의미가 통하는데, 스스로 생각하고 배우지 않으면 몸에 익지 않는 법입니다.

얼마 전 마트에서 홍차가 진열된 선반을 보고 있는데 제 바로 뒤에서 "어머나 이를 어째!"라는 소리가 들렸습니다. 무슨 일인가 보니 한 여성이 손에 들고 있던 커피숍의 라지 사이즈 컵을 떨어뜨렸고 내용물이 쏟아진 것이었어요.

바닥에는 쏟아진 커피로 인해 직경 1.5미터 정도는 물이 튀고 말았습니다. 이렇게 예상하지 못한 해프닝이 벌어졌을 때 소양이라는 우리에게 내재된 본성이 드러납니다.

우선 저는 '이를 어쩌지! 치마에 커피가 다 튀었네' 싶어 갓 꺼내 입은 제 치마에만 신경을 썼습니다. 커피를 쏟은 여성은 "죄송해요. 커피가 튀었나봐요"라고 하면서도 딱히 움직일 생각은 없는지 그저 서 있기만 했어요.

우연히 이를 본 점원이 달려와서 재빨리 바닥을 닦으면서도 제게 신경을 써서 치마의 얼룩을 물티슈로 닦아주는 응급처치를 해주었습니다. 커피를 쏟은 바닥이 깨끗해지고 조금 진정되자 저는 "괜찮아요. 신경 쓰지 마세요"라며 동요를 억누른 채 미소 띤 얼굴로 말하며 그 자리를 떠야 하는 것이 아닌가 고민했습니다. 그런데 커피를 쏟은 여성이 저를 향해 "어떻게 할까요? 세탁비라도 드려요?"라며 작게 말하더니 "어머 잔돈이 없네요" 하고 지갑 속을 보여주었습니다.

그녀가 말하는 '잔돈'이 얼마를 뜻하는지는 몰랐지만, 지갑에 만 원짜리 지폐가 들어 있는 것은 알 수 있었어요. 그 모습은 마치 제가 "괜찮아요!", "돈 같은 거 안 주셔도 돼요"라고 말하기를 기대하고 있는 것 같았습니다.

'이건 나를 시험하는 거다!' 저는 제 멋대로 스스로를 납득시킨 후 "세탁소에 맡겨야 할 것 같지만, 일단 제가 해결해볼게요"라고 말한 후 마무리를 지었습니다.

이후 바닥을 닦고 저를 배려해준 마트 점원이 "아, 결국 저 분(커피를 쏟은 여성) 손님(저)께 세탁비도 안 주고 가버린 건가요? 믿을 수가 없네요. 저희가 아무 도움도 드리지 못해 죄송합니다. 그런데 정말로 미안하다고 생각한다면 만 원짜리라도 꼭 받으시라고 드렸을 텐데요"라며 질린 표정으로 "저렇게 음료수를 쏟아서 문제를 일으키는 사람들이 많아서 힘들어요. 커피는 마시고 들어와라, 커피가 마시고 싶으면 장을 다 본 후에 마시라고 말해주고 싶은 마음이 굴뚝같아요"라고 덧붙였습니다.

제 편에 서서 밝게 위로하고 공감해주려고 한 직원의 마음은 고마웠지만, '커피가 마시고 싶으면 장을 다 본 후에 마시라'는 식의 순간적인 한 마디를 들을 때에는 멈칫하게 되었어요. 커피를 쏟은 사람이 일부러 그런 것도 아니고, 경황이 없었을지도 모르잖아요. 물론 점원이 말한 것처럼 세탁비를 변상할 마음은 전혀 없었을 거예요. 세 사람 모두 각각의 입장에서 한 말과 행동은 부끄러울 만큼 우리가 가진 소양을 드러내 보였는지도 모릅니다(성격도 영향이 있었겠지요).

마트에서 커피를 쏟고 모르는 누군가의 옷에 얼룩을 남겨버리는 해프닝은 흔한 일은 아니지만 주의한다면 예방할 수 있는 일이에요. 이렇게 예측하지 못한 갑작스러운 해프닝이 일어나면 저마다의 소양이 말과 태도를 통해 순간적으로 노출됩니다.

다만 이미 말한 '왠지 모르게 불편함이 느껴지는 말 리스트'를 직접 만들어두고 평소 사용하고 싶은 말과 그렇지 않은 말을 정리해두면 어떤 때라도 조절할 수 있습니다. 예를 들어 만약 당신이 제 입장이어서 커피가 양복에 쏟아져 얼룩이 생겼다면 어떨까요?

혹은 당신이 커피를 쏟은 사람이라면요?

저는 "어떻게 해요?"를 세 번쯤 말하면서 상대방의 모습을 관찰했습니다. 약아빠진 행동일지 모르지만 실제로 그 상황에서는 괜찮지 않은데, "괜찮아요"라고 말하기도 그렇고 "변상해주세요"라고 하는 것도 내키지 않아 상대방이 어떻게 나오는지 지켜보려 한 것이에요. 왜냐하면 저도 '이럴 때는 어떻게 하면 좋을까?' 하고 머릿속으로 열심히 생각했기 때문입니다.

결국 치마에는 얼룩이 생겼고 저는 기분이 울적해지고 세탁비도 들었지만, 커피를 쏟은 사람 입장에서는 '처음부터 괜찮다고 하면 될 걸' 하고 저에 대해 '도대체 가정교육을 어떻게 받은 건지'라며 화를 내고 있을지도 모를 일이지요.

소양은 경험을 통한 깨달음, 즉 일을 거듭 생각하면서 단련되고 연마되는 법입니다. 자, 본인이 어떤 사람이 되고 싶은지 그려보며 말하고, 앞으로의 당신의 소양에 대해 저와 함께 다듬어봅시다.

예측하지 못한 갑작스러운 해프닝이 일어나면 저마다의 소양이 말과 태도를 통해 순간적으로 노출됩니다. 다만 이미 말한 '왠지 모르게 불편함이 느껴지는 말 리스트'를 직접 만들어두고 평소 사용하고 싶은 말과 그렇지 않은 말을 정리해두면 어떤 때라도 조절할 수 있습니다.

# 칭찬의 절반은 당신에게의
# 배려가 담긴 것임을 기억하세요

"○○ 씨는 정말 재미있는 분이네요!"

당신이 이런 말을 듣거나 누군가에게 한 적은 없나요?

저는 둘 다 경험이 있습니다.

만약 당신이 대화 중인 상대로부터 "○○ 씨는 정말 재미있는 분이네요!"라는 말을 듣는다면 쑥스러우면서도 기분이 좋을 거예요.

그런데 상대방이 말한 '재미있다'는 건 절반은 거짓말이라고 단언할 수 있어요. 왜냐하면 절반은 정말로 당신이 재미있는 이야기를 했기 때문이더라도, 나머지 절반은 당신에 대한 배려이기 때문입니다.

즉, '이렇게 즐겁게 해줘서 고마워!', '너는 좋은 사람이야'라고 생각하여 감사하는 마음을 담은 것이라고 봅니다. 혹은 실제로는 그리 재미있지 않은데도(직설적으로 말해 죄송합니다), 분위기를 띄우려고 한 당신의 노력에 감사하는 마음을 재미있다는 말로 표현한 것뿐인지도 모르지요.

　다시 말해 당신이 재미있는 말을 하는 사람이어서 상대방이 만족한 것이 아니라, 자신을 즐겁게 해주려고 한 당신의 배려에 상대방 역시 당신을 기분 좋게 하려고 한 것은 아닐까요.

　이것은 인기가수가 콘서트장에서 노래나 춤 등의 퍼포먼스를 선보인 후에 "여러분 감사합니다!"라고 말했을 때 그것을 보고 감동한 제가 오히려 고맙다고 말해주고 싶은 기분과 비슷해요.

　'정말로 재미있다', '최고로 많이 웃었어', '눈물이 날 정도로 웃겨'라고 상대방이 말해준다면 그것은 당신이 그만큼 다른 사람들을 행복하게 만들었다는 뜻이에요. 그리고 상대방이 당신에게 감사의 마음을 담아 당신을 기분 좋게 만들어주려는 감정의 표현이기도 합니다. 그러니 말의 배경에 자리한 상대방의 마음에 대해 생각해 보았으면 해요.

　"○○ 씨는 정말 머리가 좋네요", "과연 만물박사님이세요"라는 말을 들어도 그 절반은 당신을 기쁘게 해주려는 상대방의 배려임을 기억하세요. 이에 대해 잘 아는 사람은 곧장 "감사합니다"라며 인사를 할 수 있습니다. 대화는 이러한 서로에 대한 배려의 연속인 셈입니다.

　'머리가 좋다', '박식하다', '배려심이 굉장하다'라는 기분 좋은 말을 들어도 '칭찬 중 절반은 배려'라는 것을 늘 염두에 두고 대화하는 사람은 잘난 척하거나 거만해지지 않습니다.

　"당신이랑 있으면 언제나 배꼽이 빠질 정도로 웃게 돼요!"라는 말을 듣는다면 자기만족에 빠지지 말고, 상대방의 배려에 대해 "고마워요. 저 역시 ○○ 씨랑 있으면 무척 즐거워요"라고 반응해보면 어떨까요?

"○○ 씨는 정말 머리가 좋네요", "과연 만물박사님이세요"라는 말을 들어도 그 절반은 당신을 기쁘게 해주려는 상대방의 배려임을 기억하세요. 이에 대해 잘 아는 사람은 곧장 "감사합니다"라며 인사를 할 수 있습니다. 대화는 이러한 서로에 대한 배려의 연속인 셈입니다.

## PART 2

'나는 옳다'고 여기는

실수를 줄이기 위한 말 습관

# 잘 못 쓰면 불쾌감을 줄 수 있는 말
## '그러니까 말이야'

업무적으로든 사적으로든 '가르쳐 준다', '일일이 손이 많이 가네'라는 식으로 상대방을 업신여기는 시선으로 바라보거나 짜증을 내며 내던지는 식으로 말하는 사람은 없나요?

이것은 태도뿐만 아니라 말에서도 확실히 드러납니다. 예를 들어 "그러니까 말이야", "그게 말이지" 등의 말을 연발하는 경우입니다. 이런 말에는 '자신의 의견이 절대적으로 옳다', 또는 '자신이 발언하는 시간을 남들에게 방해받고 싶지 않다'는 거만함이 느껴집니다.

회사의 후배가 선배에게 "입력 방법은 이렇게 하면 될까요?"라고 물었을 때, 선배가 "그러니까 말이야, 이건 큰 숫자가 위에 가도록 해줘요"라고 하면 후배의 기분은 썩 좋지 않을 테고, 다음번에는 묻는 것이 두려워질 겁니다.

선배도 "아 그거? 큰 숫자가 위로 가게 하면 돼요"라고 하면 모나지 않고 서로 기분 좋게 일을 진행할 수 있었을 테지요.

평소 생활에서도 마치 입버릇처럼 "그러니까 말이야", "그게 말이지"를 연발하는 사람이 있습니다. 그런 사람과 이야기를 나누다 보면 듣는 사람은 매번 의견을 부정당하는 기분이 들고 스트레스를 받게 됩니다.

편하게 뭐든지 물어보라고 하는 60대의 사장이 젊은 사원들을 대상으로 한 연수에서 질문타임을 갖게 되었을 때, 대답할 때마다 "그러니까 그건 말이지…", "그렇다기보다는…", "그러니까 말인데…"로 시작하는 것을 볼 때가 있어요.

물론 엉뚱한 질문이나 누가 봐도 앞의 이야기를 듣지 않은 게 분명한 내용일 때를 제외하고는 용기를 내어 질문한 사람에게 창피를 주려는 듯한 반응은 바람직하지 않습니다. 언젠가 열은 없는데도 몸 상태가 좋지 않은 나날이 며칠 이어져서 내과에서 진찰을 받았는데 이런 대화가 오갔습니다.


나 : 선생님, 열도 없는데 몸이 늘어지고 현기증도 나는 것은 처음
　　이라서요.
의사 : 그러니까 말이에요. 사람은 원래 몸 상태가 늘 똑같지는 않
　　아요. 뭐라고 딱 집어 말할 수는 없습니다.
나 : 그냥 피로가 쌓인 건가요?
의사 : 음, 그게 말이지요. 사람은 언제나 피로도 스트레스도 느끼

거든요. 단순히 피로해서 그렇다고 할 수는 없군요.

나: 벌써 며칠이나 이런 증상이 이어지고 있는데, 뭔가 원인을 알
　　수 있는 검사는 없을까요?

의사: 그러니까요. 우리가 뭐든지 해결할 수 있는 건 아니니, 우선
　　은 상태를 지켜보세요.

나: ….

완벽하게 모든 대답이 부정적이지요. 초진 비용을 내고 진찰을 받
았는데도 몸 상태나 기분이 좋아지기는커녕 더 악화된 게 아닐까 싶
은 상태로 귀가했습니다.

　의사가 모든 병을 낫게 해준다고 생각하지는 않지만, "그러니까 말
이에요", "그게 말이지요"라는 말은 필요가 없었고, "그러셨나요?", "음,
그랬군요", "그럼 조금 더 상태를 관찰해보도록 합시다"라는 말로 바
꾸기만 해도 환자가 느끼는 불안은 사라졌을 겁니다.

　저의 모든 말이 부정당하는 듯한 진찰이었기 때문에 더 이상 말해
도 소용없겠다는 느낌으로 서둘러 나왔고, 두 번 다시 그 병원을 찾지
않았습니다. 때와 장소에 따라서는 '무례'로 끝나지 않고 불필요한 원
한을 살지도 모르는 말이니, 이런 말을 자주 사용하지는 않는지 스스
로의 언어습관을 돌이켜보기 바랍니다.

평소 생활에서도 마치 입버릇처럼 "그러니까 말이야", "그게 말이지"를 연발하는 사람이 있습니다. 그런 사람과 이야기를 나누다 보면 듣는 사람은 매번 의견을 부정당하는 기분이 들고 스트레스를 받게 됩니다. 때와 장소에 따라서는 '무례'로 끝나지 않고 불필요한 원한을 살지도 모르는 말이니, 이런 말을 자주 사용하지는 않는지 스스로의 언어습관을 돌이켜보기 바랍니다.

# 아무리 친근한 고객이라도
# '○○ 씨'라고 부르는 건 실례입니다

이전에 저의 프레젠테이션 세미나를 수강하신 40대의 직장인 여성과 세미나가 끝난 후에 말의 사용에 대해 이야기한 적이 있습니다.

"작년부터 일 년에 두 번 정도 직장에서 회식을 하러 가는 멋진 프랑스 레스토랑이 있어요. 제가 총무를 맡고 있는데, 거기 매니저 분이 예약 확인 문자에 작년까지는 '와타나베 님'이라고 썼으면서, 갑자기 '와타나베 씨'라고 써서 보냈지 뭐예요. 뭔가 당황스러웠어요"라는 이야기를 들었어요.

그러자 함께 있던 30대의 직장인 여성도 "그거 저도 알아요. 그건 좀 아니지 않나요?"라며 공감을 표시했습니다.

실은 저도 같은 경험을 한 적이 몇 번 있어요. 제게 상품을 팔려던 영업사원이 보낸 메일의 수신자명이 예전에는 '요시하라 님'이라고 되어 있었는데, 언젠가부터 '요시하라 씨'로 바뀐 겁니다.

업무상 만난 사람인데 이렇게 이름을 편하게 부르다니 고개가 갸웃거려졌습니다. '요시하라 씨'라는 호칭은 비즈니스상의 관계를 뛰어넘어 너무 캐주얼한 느낌이 들었어요. '님'을 붙임으로써 생기는 긴장감이야말로 비즈니스 상의 관계라는 증거인데도 마치 친구처럼 호칭을 바꾸는 것은 썩 기분 좋은 일은 아니지요.

저는 업무상의 관계라면 아무리 이야기가 잘 통하는 상대라도 말에 예의를 차리고, 메일의 형식도 갖추며, 늘 비즈니스라는 사실을 의식하는 사람을 신용합니다. 업무상 서비스를 제공하는 쪽이 너무도 간단히 예의의 선을 넘어버리면 뻔뻔하다, 친구처럼 굴면 곤란하다, 무례한 사람이라는 느낌을 줄 수 있어요.

고객에게 친근하게 다가가려는 생각이 있어도 호칭이나 말의 사용, 정보 내용의 검사, 필요한 인사 등의 행동은 방심하면 안 됩니다. 그런 것을 철저히 할 때 관계가 더 굳건해지는 법이거든요.

혹시 고객과 친구 같은 관계가 되고 싶은 사람이 있다면 그건 혼자만의 생각일 겁니다. '고객과 서비스를 제공하는 사람'이라는 명확한 관계성이 있기에 금전에 관계된 문제가 생겼을 때도 공은 공, 사는 사로 여기고 협상할 수 있습니다.

여러 업계의 고객 모두가 '점원과 친구처럼 친해지고 싶다', '영업사원과 친근해졌으면 좋겠다'라고 바라는 것은 아니라는 점을 기억하세요. 이것은 개개인의 가치관에 따라 다른데, 예를 들어 친구처럼 '그래, 그래'라고 맞장구를 치고 업무 중에도 자신의 사적인 이야기를 줄

줄 말하는 영업담당자가 있다면 저는 저나 가족의 개인정보를 말할 용기가 안 생길 듯합니다.

목숨을 죽이고 살리는 의사나 간호사, 요양보호사 등 의료기관에서 일하는 사람이라면 "등이 아프신 거지요? 잘 알았습니다"보다도 "그래요. 등이 아픈 거죠? 얼른 낫게 해줄게요"라며 환자의 긴장을 풀어주기 위해 일부러 편한 말투를 쓰기도 합니다. 이런 상황이라면 괜찮지만 그래도 최소한의 지켜야할 선은 지키는 것이 필요하지 않을까 싶습니다.

메일을 쓸 때는 아무리 관계가 좋아도 고객에게는 '○○ 님'이라고 써야 합니다. 또 고객으로부터 '당신도 여러모로 힘든 입장이지요'라는 배려의 말을 들었을 때도 불평불만은 일체 하지 않는 편이 예의를 아는 사람이라고 평가받습니다.

예를 들어 "악덕기업이라 얼른 그만두고 싶어요", "진상 손님들도 많아서 진짜 힘들어요"라고 말하는 순간, 고객은 실망하고 당신을 프로로 신뢰하지 않을 거예요. 고객은 당신의 불평을 들어주려고 '힘들지요?'라고 말한 것이 아니라, '덕분에 여러 가지 경험을 하고 있습니다!'라며 긍정적이고 활기차게 행동하는 모습을 보고 더 응원하고 싶었을 뿐입니다.

메일을 쓸 때는 아무리 관계가 좋아도 고객에게는 '○○ 님'이라고 써야 합니다. 또 고객으로부터 '당신도 여러모로 힘든 입장이지요'라는 배려의 말을 들었을 때도 불평불만은 일체 하지 않는 편이 예의를 아는 사람이라고 평가받습니다.

# 사적인 질문은 때와 장소를
# 가려야 한다는 것을 기억하세요

"있잖아, 그러고 보니 막내딸 시험은 어떻게 됐어?"

"신랑 정밀 검사 결과는 어때? 요즘 걱정된다고 받게 했잖아."

"선배, 지난주 부장님한테 많이 혼났다는데 괜찮았어요?"

"얼마 전에 위독하다고 했던 할아버님은 어떠셔?"

"저번에 남자친구가 바람 난 것 같다고 했잖아. 어떻게 됐어?"

"합가 문제로 시끄럽다더니 며느리랑은 어떻게 하기로 했어?"

"남편이 구조조정 당할지도 모른다더니 괜찮아?"

"큰아들이 서른이지. 구직 중이라더니 일자리는 구했대?"

이처럼 주변에는 상대방의 인생을 좌우할 정도로 중요하고 사적인 일을 주위에 사람이 있건 말건 아무렇지 않게 물어보는 사람이 있습니다. 제가 앞서 출간한 《자신에 대해서는 말하지 마라(自分のことは話すな)》에서는 '사적인 일에 대해서 묻지 않으면 실례'라고 했습니다. 그

린데 그건 소중히 여기는 상대방에 대한 질문의 의도가 명확하고, 상대방이 안심하고 말할 수 있는 환경일 때의 이야기입니다.

사적인 이야기를 묻는 것은 진지하게 상대방과의 거리를 좁히고 싶은 사람에게는 효과적이고, 상대방의 대답을 듣고 대화의 목표(관계성, 제안 등)를 향해 나아가는 데는 꼭 필요합니다. 다만 거듭 말하지만 사적인 이야기를 나누려면 우선 그에 적합한 장소 선정과 정중한 질문 방식을 철저히 지켜야 합니다. 앞서 든 예처럼 가족들만 알고 싶은 이야기를 시시콜콜 묻는 사람이 있다면, 그건 실례 정도가 아니라 몰상식한 겁니다.

상대방을 걱정해서 하는 질문이거나 원래 친한 관계에서 묻는 것은 괜찮다고 해도 남들에게 이야기의 내용이 들릴 법한 장소는 적합하지 않습니다. 지인들에게 알리고 싶지 않은 이야기를 친구들이 여럿 있는 곳에서 아무렇지 않게 물어보는 사람에게는 놀라움을 금치 못하겠어요.

예로 든 무례한 질문에 "1지망에 합격했어요", "덕분에 지금은 기적적으로 회복해서 다음 주에 퇴원이야"라는 기분 좋은 대답이 가능하다면 괜찮을지 모르지요. 하지만 언제나 좋은 결과를 이야기해 줄 수 있는 것은 아닐 테니까요.

당신은 사적인 이야기를 물을 때 상대방이 안심하고 답할 수 있을 만한 장소를 고르나요? 물론 방음설비가 있는 엄중한 장소를 뜻하는 것이 아니에요. 혼잡한 전철, 버스 안, 회사에서 화장실 줄을 기다리고

있을 때, 무거운 짐을 들고 있는 길 한복판 등은 차분히 이야기를 나눌 만한 곳이 못 됩니다. 누가 들을까 걱정할 필요가 없는 인적이 드문 장소와 타이밍을 선정하여 이야기하는 것이 대화를 할 때 최소한의 예의이며 마음 씀씀이지요.

예를 들어 주변에 사람이 없고 당신이 상대방을 걱정하고 있다고 해도 당장 취업 면접을 가려는 듯한 정장 차림의 상대방과 만나자마자 이런저런 질문을 하는 행동은 피해야 해요. 상대방의 심리상태를 불안하게 만든다면 중요한 면접에서 힘을 낼 수 없을지도 모르거든요.

저는 카페에서 취재에 응하거나 업무상 만난 분과 이야기하고 친구나 가족과 대화할 때는 착석한 자리 양옆의 테이블에 누가 있는지 무의식적으로 점검합니다. 주변에 한 명이라도 자리한 사람이 있으면 우리에게 관심이 없어도 이야기는 들리게 되니까요. 누가 들으면 곤란한 이야기는 일체 입에 담지 않는 것이 가장 좋습니다.

내용에 따라 다르겠지만 꼭 이야기해야 한다면 목소리를 줄이거나, 상대방에게 얼굴을 가까이하고 속삭이듯이 말하며 고유명사나 구체적인 숫자 정보(주소나 전화번호 등)가 노출되지 않도록 주의합니다.

근처에 두 명 이상의 사람들이 앉아 있다면 서로 말소리가 들릴 수 있으므로, 그중 한 사람이 화장실을 가거나 전화 통화를 위해 자리를 떴을 때는 목소리를 낮추는 등 매번 제 말소리가 들리지는 않는지 주의하면서 이야기합니다.

여러 사람들 사이에서 특정 인물에 대한 이야기를 할 때 그 특정 인물이 당신이 가장 잘 아는 사람일 수도 있을 겁니다. 그러니 당신 이외의 사람과 특정 인물과의 관계성, 다른 사람이 가진 정보량과 상대방의 신용도(입이 무거운 사람인지) 등을 세심하게 고려하여 불필요한 말은 일체 하지 않아야겠지요.

평소에도 주위 사람들을 살피고 이야기 내용이나 목소리 톤을 조절해주는 사람과 대화할 때는 안심하게 되는 반면, "○○사 ○○사장이"라며 큰 소리로 말하는 사람이 있으면 조마조마합니다. 그럴 때는 상대방이 창피하지 않도록 "지금 그건 개인정보예요"라며 작은 목소리로 주위에 사람들이 있다는 사실을 일깨워주세요.

그러면 대개 상대방은 "아, 그렇지!"라는 반응을 보이며 이후로는 조심합니다. 애매한 기분으로 참으며 듣기보다는 과감하게 그 자리에서 상대방에게 전달하는 편이 문제가 깔끔하게 해결될 겁니다.

'존댓말을 바르게 사용하자', '기분 좋게 이야기하자' 등을 의식하는 사람은 많아도 이야기를 나누는 장소에 관한 경계심이나 배려까지는 아직 생각하지 못하는 일이 많습니다.

실제로 제 지인 중에도 장소에 관계없이 사적이고 민감한 이야기를 묻는 사람 때문에 난처한 경험을 한 사람이 많습니다. "그렇게 사람이 많은 데서 우리 가족의 가정사를 방송하는 듯한 질문을 하다니 믿어지지가 않아!", "다른 직원이 있는데 점장이 미혼인 오빠 이야기를 미주알고주알 묻는 통에 정말 짜증이 났어"라며 화와 억울함을 토로한 사람들이 적지 않았거든요.

당신은 누군가와 사적인 대화를 할 때 적절한 장소를 고르나요? 상대로부터 '이 사람이라면 사적인 이야기를 해도 되겠다'는 인정을 받는다면 기쁠 것입니다. 먼저 이야기할 내용과 더불어 주위에 다른 사람은 없는지를 확인하는 습관부터 길러보세요.

사적인 이야기를 묻는 것은 진지하게 상대방과의 거리를 좁히고 싶은 사람에게는 효과적이고, 상대방의 대답을 듣고 대화의 목표(관계성, 제안 등)를 향해 나아가는 데는 꼭 필요합니다. 다만 거듭 말하지만 사적인 이야기를 나누려면 우선 그에 적합한 장소 선정과 정중한 질문방식을 철저히 지켜야 합니다.

# 다른 사람들 앞에서 주의를 주는 건
# 존중감이 없기 때문입니다

직장에서 상대방에게 주의를 주거나 조언을 할 때 주위 사람들에게 들으란 듯이 떠드는 사람이 있습니다. 때로는 주의나 조언을 넘어서 상대방의 마음이 너덜너덜해지도록 몰아세우며 '나는 바른말을 해주고 있다'는 식의 자기만족에 빠지는 민폐형 인간도 있지요.

제가 승무원으로 입사해서 2년째 되던 때의 일입니다. 기내에서 손님이 주신 재킷을 착륙 후에 다른 손님에게 전달할 뻔했는데, 다행히 직전에 알아차려서 아무에게도 피해를 주지 않아 안도한 적이 있어요.

그런데 그걸 보고 있던 한 선배가 비행 후에 열 명 정도의 승무원들이 탑승한 버스에서 체류지의 호텔에 도착하기까지 30분 동안 과거의 작은 실수 등을 들먹이면서 저를 엄하게 질책하였습니다.

결국에는 아무에게도 피해를 주지 않았지만 작은 실수나 착각은 커다란 사고로 이어질 수 있습니다. 그러니 긴장의 끈을 풀지 말아야 한다는 것을 알려주신 점은 감사하게 생각합니다. 또 후배를 열심히 지도하려다 보니 그랬던 것이라고 미숙했던 저도 이해했습니다.

하지만 그 버스에서의 일은 '후배도 있고, 모두가 듣는 상황에서 그렇게까지 집요하게 엄한 어조로 이야기할 필요가 있었을까?' 싶은 석연치 않은 불편함만을 남겼고, 그저 의기소침해진 채 자신감을 잃었습니다. 다음 날 업무에 지장이 없도록 마음을 가다듬으려고 애썼는데, 다행히도 동료와 다른 선배가 격려해준 덕분에 무사히 일을 마칠 수 있었던 기억이 납니다.

친구의 생일을 축하해주기 위해 미슐랭 별을 받은 레스토랑에 식사를 하러 간 날의 일도 있습니다. 카운터에서 작업을 하던 선배 셰프가 후배 셰프에게 "장난해! 몇 번을 말해줘야 하냐!"며 저희로부터 2미터 정도 떨어진 곳에서 화를 내고 있었습니다. 남성의 굵고 낮은 음성은 위압감을 증폭시켰지요.

친한 친구와 특별한 점심을 기대했었는데 화기애애한 분위기가 순간적으로 얼어붙었습니다. 직원 간의 문제를 드러내며 '이런 것까지 모두 우리 레스토랑의 모습입니다'라고 주장하고 싶었는지도 모르겠습니다.

하지만 손님의 입장에서 보면 민폐 그 자체였어요. 예를 들어 그런 철학을 고수하고 싶은 것이라면 가게 홈페이지에 '손님 앞에서 직원들이 다툴 수도 있으니 양해 바랍니다'라고 써놓을 일이라고 생각합니다(그렇게 할 사람은 없겠지만요).

물론 그런 다툼쯤은 신경 쓰이지 않는다거나 가게의 철학을 존중한다는 손님도 있을지 모릅니다. 하지만 적어도 우리로서는 유쾌한 경험은 아니었습니다.

　당신이 상대방에게 중요한 일로 주의를 줄 때는 때와 장소를 가려서 하는 것이 가장 효과적이고 현명한 전달방식임을 염두에 두세요. 정말로 필요한 주의나 염려는 '어떻게 전달하면 순수하게 받아들여질까?'를 상상해보면 효과가 나는 법입니다.

물론 그런 다툼쯤은 신경 쓰이지 않는다거나 가게의 철학을 존중한다는 손님도 있을지 모릅니다. 하지만 적어도 우리로서는 유쾌한 경험은 아니었습니다. 당신이 상대방에게 중요한 일로 주의를 줄 때는 때와 장소를 가려서 하는 것이 가장 효과적이고 현명한 전달 방식임을 염두에 두세요.

# 남들 앞에서 걱정하는 것도
## '무신경한' 일입니다

앞의 이야기와 비슷한 상황인데, 남녀 직원이 있는 직장에서 상사가 "지난주에 불임치료 때문에 회사를 쉬었다고 들었는데, 어땠어?" 하고 물어봤다고 해봅시다. 질문을 받은 본인, 그리고 우연히 그 말을 들은 사람들은 어떤 기분일까요?

또 만원의 엘리베이터에서 "아버지 빚은 해결했어?" 하고 묻는 상사가 있다면 제삼자로서 엘리베이터에 타고 있는 당신은 무슨 생각을 할까요? 정말로 상대방의 마음을 이해하는 사람이라면 남들 앞에서 걱정하는 일에 대해 이야기하지 않습니다. 주위에 사람이 없는 장소에서 살짝 "괜찮아요?"라고 물어보지 않을까요?

주위에 신경을 쓰지 않고 사적인 일을 묻는 사람은 언뜻 상대방을 걱정하는 것처럼 보이지만 실제로는 무신경하고 예의를 모르는 사람입니다. 예를 들어 정말로 걱정했다고 하더라도 상대에게는 진지함이 전해지지 않고, 반대로 '두 번 다시 엮이고 싶지 않은 사람'으로 간주되기도 합니다.

자기가 그런 사람이 되지 않으려고 주의하고, 만약 남들 앞에서 말하고 싶지 않은 사적인 질문을 받는다면 경우에 따라 다르겠지만 "자리가 자리인 만큼 다음번에 이야기하시죠", "그 이야기는 다른 자리에서 기회를 봐서 말씀하시죠" 하고 분명한 의사표현을 하는 것이 좋습니다. 명확히 말하지 않으면 무신경한 사람에게는 잘 전달되지 않으니 말입니다.

상대방과의 관계상 이야기를 끊기 어려울 때도 있을 겁니다. 하지만 자신이 바라는 것을 확실히 말하지 않으면 상대방은 나중에도 똑같은 이야기를 물을 지도 모릅니다. 웃음기 없는 진지한 표정으로 당당하게 '불쾌함'을 온몸으로 전달해야 할 때도 있는 법입니다.

상대방과의 관계상 이야기를 끊기 어려울 때도 있을 겁니다. 하지만 자신이 바라는 것을 확실히 말하지 않으면 상대방은 나중에도 똑같은 이야기를 물을 지도 모릅니다. 웃음기 없는 진지한 표정으로 당당하게 '불쾌함'을 온몸으로 전달해야 할 때도 있는 법입니다.

# 부탁하면서 먼저 관련 정보를 주지 않는다면 시간 도둑이지요

당신은 가장 최근에 누구에게 어떤 부탁을 받았나요? 아니면 누군가에게 무언가를 부탁했나요? 업무 또는 사적으로 쉽게 수락할 수 있는 일도 있고, 다소 협의가 필요한 일이거나 시간이 걸리는 부탁 등 다양한 일들이 일상적으로 벌어지고 있을 겁니다. 다른 사람이 무언가를 부탁해왔을 때, 상대방의 말 한 마디로 인해 '이 사람을 위해서라면 내가 할 수 있는 건 뭐든지 해줘야겠다!' 싶었던 적은 없나요?

가까운 예로는 거리에서 티슈를 나눠주며 광고하는 사람이 미소 띤 얼굴로 당신의 눈을 보면서 "괜찮으시면 받아주세요" 하고 티슈를 내밀었다고 해봅시다. 무서운 표정으로 아무 말 없이 억지로 티슈를 건네는 사람보다는 '괜찮으시다면'이라는 말로 시작하는 사람에게서 티슈를 받아들기 쉬울 겁니다. 부탁은 작은 차이로 인해 우리의 행동에 큰 영향을 줍니다.

저는 '롯폰기에서 맛있는 일식집 좀 알려 달라' 등의 가게 정보를 묻는 지인의 문자를 자주 받았어요. 누구나 경험했을 법한 흔한 부탁처럼 보이지만, 실은 상대방의 부탁 방법에 따라서는 부탁을 받은 사람이 상당한 시간을 할애해야 할 때도 있습니다.

당시 지인의 문자에는 어떤 사람이 식사를 할지, 인원수, 시기, 식사 목적, 예산, 선호하는 음식과 알레르기, 분위기 취향, 일식 중에서도 초밥, 고기, 해물 중에 무엇을 원하는지에 대한 정보가 하나도 없었어요. 그래서 정보를 얻으려고 문자를 보내고 상대방의 답장을 기다렸다가 확인하는 등의 일이 시작되었습니다.

결과적으로 처음 문자를 받고 세 곳의 가게를 지인에게 소개할 때까지 문자만 열 번은 주고받았어요. 저를 믿고 물어본 것이니 조금이라도 유익한 정보를 주고 싶은 마음이었지만, 왠지 지친 기분이 들었던 기억이 나네요. 누군가에게 부탁할 때는 상대방이 생각하기 쉽도록 필요한 최소한의 정보를 처음부터 간결하게 제공하는 것이 부탁받는 입장에서는 훨씬 좋습니다.

저는 인간관계가 의리와 인정으로 이루어진다고 생각합니다. 필요한 정보가 과하지도 부족하지도 않게 적혀 있으면서도, 정중하고 겸허한 어투라면 부탁받을 사람도 '내가 도와줘야지!' 하는 마음이 들지요.

상대방의 수고를 덜고자 미리 정보를 명확히 전달해주는 배려가 느껴지고, "바쁠 텐데 정말로 미안한데, ○○ 씨처럼 경험이 많은 분에게 꼭 물어보고 싶은 것이 있어요" 하고 겸손하게 부탁한다면 많은 이들이 자기 일처럼 도우려고 나서지 않을까요?

반면에 무언가 부탁을 받았는데 그것을 해낼 자신이 없다면 분명하게 거절하는 것도 일종의 친절함이 아닐까 생각합니다. '알겠다'고 답해놓고서 수락해놓고는 결국 어중간하게 끝마친다면 상대방과 자기 자신의 시간이 무용지물이 되니까요.

게다가 그 후에 상대방은 새롭게 그 일을 도와줄 사람을 찾아야만 합니다. 그러니 부탁을 수락할 때는 자기만의 흔들림 없는 원칙을 가지는 것이 좋겠지요. 참고로 저는 다음과 같은 원칙을 가지고 있답니다.

### 부탁받은 일을 할 때의 철칙

① 상대방을 위해 끝까지 해낼 각오가 되어 있는지 생각합니다.

② 내가 할 수 있는 범위와 시간을 명확히 합니다.

③ 잘 판단이 서지 않을 때는 하루 정도 생각할 시간을 요청합니다.

④ 상대방의 부탁 방식에서 불편함을 느꼈다면 거절합니다.

⑤ 수락하든 거절하든 정중하게 의사를 전달합니다.

자, 당신도 이렇게 자기만의 원칙에 대해서도 구체적으로 생각해 보세요. 이처럼 부탁은 하는 사람도, 받는 사람도 예의와 겸손함을 갖춰야 합니다.

누군가에게 부탁할 때는 상대방이 생각하기 쉽도록 필요한 최소한의 정보를 처음부터 간결하게 제공하는 것이 부탁받는 입장에서는 훨씬 좋습니다. 반면에 무언가 부탁을 받았는데 그것을 해낼 자신이 없다면 분명하게 거절하는 것도 일종의 친절함이 아닐까 생각합니다. '알겠다'고 답해놓고서 수락해놓고는 결국 어중간하게 끝마친다면 상대방과 자기 자신의 시간이 무용지물이 되니까요.

# 부탁을 할 때는 무서우리만치
# 본성이 드러납니다

'부탁 방식'에 대해서 말하자면 가정사라 부끄럽지만 저희 아버지에 대해 할 말이 많습니다. 제 아버지는 마을 영어회화 동아리에 다니고 계세요. 본인이 좋아하는 책의 일부나 자신이 쓴 스피치 원고 등이 있으면 "많은 양은 아닌데 살짝 부탁이 있다. 영국인 선생님께 보여드리고 싶은 원고가 있는데 내일까지 영어로 번역 좀 해주지 않겠니?" 하고 갑자기 제게 연락을 하십니다. 매번 A4 용지 한두 장에 70퍼센트는 해석 불가능한 글이 가득히 적혀 있곤 한답니다.

저를 길러주신 아버지라고는 하나, "많은 양은 아닌데"라는 말에 "뭐라고요? 상당한 양인데요"라고 반박하고 싶은 심정이에요. 아버지는 영어회화를 잘하고 싶으셔서 영어회화 동아리에 다니는데, 번역을 저한테 맡겨버리면 영어 공부가 되지 않으니 목적과 행동이 모순되잖아요(웃음).

애당초 저의 영어 실력에 대해 오해하고 계신 것 같아요. 그래서 "내일까지요? 아버지 글은 해독이 어려워서 시간이 더 걸린단 말이에요. 죄송하지만 저도 매일 바쁘거든요. 번역 앱도 있으니 찾아서 사용해보시면 어때요?" 하고 거절하면 "어려운 부탁도 아닌데, 너도 참 도량이 좁아서 큰일이구나. 이렇게 쉬운 부탁을 단박에 들어주지 않다니"라면서 전화를 끊으세요. 그럴 때면 뒷맛이 개운치가 않죠.

저는 지금 아버지를 험담하려는 것이 아닙니다. 아버지에겐 제가 어릴 때부터 약한 소리, 불평불만을 하지 못할 만큼 존경하는 면이 있기도 합니다. 몇 년 전에 어머니가 돌아가신 후로는 마음에 구멍이 난 듯 허전하실 텐데도 생활을 위해 변함없이 바쁘게 일하면서 취미인 수영과 영어회화 동아리까지 열심히 다니시는 아버지의 모습에서는 든든함이 느껴집니다.

게다가 '내일까지', '지금 당장 부탁한다'는 건 가족이기에 할 수 있는 말이지, 아버지가 가족 외에 다른 사람에게 그런 식의 부탁을 하지는 않으신다는 사실도 잘 알아요. 다만 아버지와 딸의 관계라도 사회인이 된 이상 각자의 생활 리듬과 사정이 있다는 사실을 조금은 생각해주었으면 하는 겁니다.

생명에 관계된 일을 제외하고 상대방의 준비나 시간, 노력을 할애하게 만드는 부탁은 행동하기 전에 5초만이라도 생각하는 시간을 가져야 하지 않을까요? 사람이 무언가를 부탁할 때는 무서우리만치 본성이 드러납니다.

'이 정도는 간단하잖아', '대단한 일도 아닌데', '당연히 해줘야지'

이런 본심이 너무도 잘 드러나며 상대방의 상황도 노력도 일체 신경 쓰지 않는 듯이 부탁해온다면 아무리 가족이라도 잠잘 시간을 쪼개가면서까지 들어줄 생각은 없겠지요. 게다가 남이라면 더욱 그렇습니다.

사내에서 경리부 직원에게 묻고 싶은 일이 있거나, 프레젠테이션 자료를 부탁했던 부하 직원에게 추가 정보를 더 달라고 하고 싶을 때는 "월말이라 평소보다 더 바쁠 텐데 정말 미안하지만…", "지금 너무 바쁠 거 알아서 미안한데…" 하고 노고를 치하는 말을 덧붙이는 것은 필수입니다.

"이거 해줘"와 "점심시간 직전에 부탁해서 미안한데, 데이터 입력만 좀 부탁해도 될까?"라는 말은 느낌이 완전히 다릅니다. 정중하지 않은 부탁이라도 일이라 거절할 수 없는 때도 있겠지만, 후자처럼 '미안함'을 담아 말하는 편이 부탁을 받는 입장에서는 훨씬 기분 좋게 작업에 임할 수 있지요.

우리의 뇌는 감정이 안정되어 있을 때 집중력이 높아지므로 부탁을 잘하면 쌍방에게 득이 됩니다. 하지만 정중하게만 부탁하면 상대방에게 언제 무슨 부탁을 해도 된다고 생각하지는 마세요.

특히 업무적으로 바쁜 시기나 점심시간 직전, 퇴근시간 무렵, 아팠다가 몸을 회복한 지 얼마 안 되는 사람에게 부탁할 때는 타이밍을 잘 생각해야 합니다. 어떤 상황이라도 "1분이면 되는 일이니 후다닥 해줘"라며 점심시간이나 퇴근시간 1분 전에 일을 부탁하지는 맙시다.

친구 사이라도 "○○ 씨 연락처 좀 알려줘", "얼마 전에 같이 갔던 고깃집 영업시간이 어떻게 되지?"라며 용건만을 묻는 메시지를 시간에 관계없이 보내는 사람은 그렇게 배려심이 있다는 생각은 들지 않습니다.

"바쁘신데 죄송합니다만", "피곤할 텐데 미안해", "번거롭게 해서 미안한데"와 같이 먼저 상대방에게 경의를 표하는 한 마디를 더하기만 해도 '뻔뻔한 사람'에서 '정중하게 부탁할 줄 아는 사람'으로 인상이 달라집니다. 또 누군가 당신의 부탁을 들어주었을 때도 메일이나 SNS를 활용해 '큰 도움이 되었습니다', '감사합니다'라는 감사 인사를 나누는 것은 필수입니다.

나중에 당사자를 만났을 때 "저번엔 나카가와 씨 연락처를 바로 알려줘서 정말 감사했습니다!" 하고 직접 인사하면 의리 있고 예의 바른 사람으로 인식되어 상대방은 분명 '다음에도 무슨 일이 있으면 도와줘야지' 하는 마음이 들 겁니다.

참고로 아버지에게 '부탁하는 방식에서 드러나는 본성'에 대해 본인 이야기를 썼다고 전화로 말씀드렸더니 "하하하, 정말 내가 꼭 그런 사람이지 뭐냐!" 하고 밝게 웃으셨습니다.

지금은 영어 실력이 뛰어난 친척에게 정중하게 번역을 부탁하고 상대방도 부담 없이 받아주어 마음만으로 감사드린다고 하셨어요.

마음이 좁은 제가 번역을 거절한 탓에 아버지의 부탁을 들어주게

된 친척분께는 죄송하면서도 감사한 마음뿐인데, 아버지가 부탁할 때 주의를 기울이고 있다고 하시니 조금은 안심이 됩니다. 그나저나 앞으로 아버지의 영어 실력은 얼마나 향상될까요!?

"바쁘신데 죄송합니다만", "피곤할 텐데 미안해", "번거롭게 해서 미안한데"

이렇게 먼저 상대방에게 경의를 표하는 한 마디를 더하기만 해도 '뻔뻔한 사람'에서 '정중하게 부탁할 줄 아는 사람'으로 인상이 달라집니다. 또 누군가 당신의 부탁을 들어주었을 때도 메일이나 SNS를 활용해 '큰 도움이 되었습니다', '감사합니다'라는 감사 인사를 나누는 것은 필수입니다.

# '내가 한가해서'라며 만나자고 하는 것은
# 실례입니다

당신 주위에 "나 지금 한가하니까 차라도 마시자", "안 바쁘니까 다음에 같이 맛있는 거 먹으러 가자", "난 늘 한가하니까 연락 줘" 하고 말하면서 만나자는 사람은 없나요? 말하는 당사자로서는 그리 깊은 의미는 없이 말한 것인지도 모르지만, 만나자는 가장 큰 이유가 '한가해서'라니 듣는 사람으로서는 썩 기분 좋은 말은 아닐 겁니다. 애초에 '한가하다'는 말은 '한가해서 집안을 광이 나도록 청소했어'라며 자기 자신에게 사용하는 것이라면 괜찮지만, 상대방에게 만남을 청할 때 쓰기에는 실례되는 말입니다.

'나는 한가하니까'라는 말에는 '당신 편한 대로 시간을 정해도 돼요' 하고 자신보다 바쁜 상대방에게 일정 약속을 맡기고, 자신에게는 신경을 쓰지 않아도 된다는 생각이 담겨 있는 것일지도 모릅니다.

하지만 한편으로는 자신에게 남아도는 한가한 시간을 상대방을 이용해 보내고 싶다, 상대방에게도 한가한 시간이 있을 것이라는 자기 본위의 착각도 느껴집니다. 실제로 "요시하라 씨, 시간 많으니까 연락 줘요"라고 하는 사람이 아주 드물게 있는데, 그녀들은 결코 무례한 태도를 취할 만한 이들은 아닙니다. 하지만 그렇기에 더욱 주의해야 할 포인트입니다. 상대방이 꼭 만나자는 것이 아님은 잘 알고 있지만, '한가할 때 만나야 한다'는 생각으로 이야기한 것이라면 처음부터 사양해야 합니다.

상대방에게 만나자고 할 때는 당당하게 "○○ 씨랑 차분히 대화 좀 나누고 싶으니 다음 주 월요일쯤 점심 같이 하는 건 어떨까요?"라고 말하는 편이 듣는 사람으로서도 기분이 좋아지겠지요.

애초에 '한가하다'는 말은 '한가해서 집안을 광이 나도록 청소했어'라며 자기 자신에게 사용하는 것이라면 괜찮지만, 상대방에게 만남을 청할 때 쓰기에는 실례되는 말입니다. 상대방이 꼭 만나자는 것이 아님은 잘 알고 있지만, '한가할 때 만나야 한다'는 생각으로 이야기한 것이라면 처음부터 사양해야 합니다.

# 상대방의 시간을 존중하는 첫걸음,
# 상대방의 '바쁨'을 상상해보기

"한가하면 나랑~" 하고 만남을 청하지 않는 것은 물론이고, '한가하다' 는 말 자체를 입에 담지 않기만 해도 말에 품격이 생기는 것 같습니다. 어느 날 이미 교류가 있던 거래처로부터 급한 업무 메일이 왔습니다. 메일에는 '오사카 출장 후 바쁘실 텐데 무척 죄송합니다만, 급하게 확인 부탁드릴 일이 있습니다'라는 내용이 적혀 있었습니다.

'바쁘실 텐데'라는 상대방을 배려하는 한 마디에 '출장을 다녀왔으 니 분명 지금은 처리해야 할 일이 쌓여 있겠지'라며 알만한 사정을 예 상하고, 이해해준 배려에 감사의 마음을 담아 답장을 보냈습니다. 상 대방의 행동이나 일정은 전에 대화했을 때의 내용이나 SNS 등을 통해 어느 정도 알 수 있습니다.

저 역시 그런 정보를 대화하거나 메일을 쓸 때 활용하려고 하는 편 이에요. 다만 '지금 막 체크아웃하셨나 봐요', '신칸센에서 후지산이 보이는 곳에 계시지요?' 하고 분 단위로 상대방의 상황을 언급하라는 이야기는 아닙니다.

감시하고 있는 듯한 내용까지는 필요 없지만, '그러고 보니 지지난 주에 감기에 걸렸다고 했었지' 하고 떠올랐다면 "○○ 씨, 지지난 주에 걸린 감기가 낫기를 바라면서, 컨디션이 좋지는 않을지도 모르는데 죄송합니다만, 다음 주 미팅 건으로 연락드렸어요"라며 마음을 담아 한 마디 건네는 걸 잊지 마세요.

일하는 사람만이 바쁜 것은 아니지요. 결국은 누구나 바쁘거든요. 아무리 자기 시간에 여유가 있어도 또는 상대방 이상으로 당신이 바쁜 입장에 있어도 상대방의 시간을 존중하는 말은 적극적으로 표현하는 것이 좋습니다.

"바쁘신데 이렇게 알아봐 줘서 정말 감사합니다!"

"시간이 없으실 텐데 여러모로 걱정해주셔서 감사드려요."

진심으로 상대방의 입장을 고려하여 늘 상대방의 시간을 존중하는 말과 행동을 습관으로 지닌 사람이라면 분명히 상대방 역시 그 사람의 시간을 존중하고 소중히 여길 겁니다.

일하는 사람만이 바쁜 것은 아니지요. 결국은
누구나 바쁘거든요. 아무리 자기 시간에 여유
가 있어도 또는 상대방 이상으로 당신이 바쁜
입장에 있어도 상대방의 시간을 존중하는 말은
적극적으로 표현하는 것이 좋습니다.

# 카페에서는 5초 이내로
# 주문하는 것이 매너입니다

당신은 스타벅스 같은 셀프서비스 카페에서 자신의 주문 시간이 어느 정도인지 알고 계신가요? 프레젠테이션 컨설턴트인 저는 한번 쯤은 당신의 순서가 와서 계산대 앞에 섰다면 주문이 끝날 때까지의 시간을 실제로 재어보라고 권합니다.

예를 들어 당신이 상사나 고객과 둘이서 카페에 들어갔다고 해봅시다. 사무실 이외의 장소라도 모든 장면은 당신에게 '프레젠테이션 자리'라고 해도 과언이 아닙니다. 어떤 이유로 시간을 측정하느냐면, 필요한 것을 알기 쉽고 정중하게 전달하는 사람인지는 바로 카페에서 주문하는 시간을 보면 대략 알 수 있기 때문입니다.

"다음 손님 주문해 주세요" 하고 점원이 말하면, 계산대 앞에 선 후 5초 이내에 상대방과 자신의 음료를 주문하세요. 5초라고 하면 아주 짧은 순간이라고 여길지도 모르지만, 실제로 재어보면 의외로 여유 있는 시간입니다.

예를 들어 '소이라떼 쇼트 사이즈랑 카푸치노 톨 사이즈 하나씩 주세요'라는 주문은 4~5초면 됩니다. 주문에 걸리는 시간은 자신만의 시간이 아닙니다. 당신과 함께 있는 상대를 포함해 줄을 서서 기다리는 사람들의 시간에도 영향을 줍니다.

당신이 5초 이내에 빠르게 주문을 하면(너무 빠르고 급하게 말하지 않도록 주의하면서) 당신과 상대방은 맛있는 음료를 빠르게 받을 수 있고, 중요한 대화를 곧장 시작할 수 있습니다.

이것저것 음료를 고르는 시간도 즐거울 수 있지만, 결단과 전달할 때의 시간의식을 갖게 되면 결단력과 취사선택 능력이 길러집니다. 물론 5초는 어디까지나 의식했으면 하는 잣대가 되는 시간일 뿐, '5초를 넘기는 안 된다'는 뜻은 아닙니다. '5초 안에 결정한다'는 의식 덕분에 이후에는 천천히 느긋하게 대화할 수 있는 겁니다. 즉, 중요한 일에 시간을 더 사용할 수 있는 것이지요. 우선은 카페에서 5초 주문의 벽에 도전해보세요!

"다음 손님 주문 부탁드립니다" 하고 점원이 말하면, 계산대 앞에 선 후 5초 이내에 상대방과 자신의 음료를 주문하세요. 5초라고 하면 아주 짧은 순간이라고 여길지도 모르지만, 실제로 재어보면 의외로 여유 있는 시간입니다. 이것저것 음료를 고르는 시간도 즐거울 수 있지만, 결단과 전달할 때의 시간의식을 갖게 되면 결단력과 취사선택 능력이 길러집니다.

# '추가 15초 규칙'으로
# 시간 감각을 길러보세요

캐주얼한 프렌치 레스토랑에서 점심을 먹기 위해 나섰을 때의 일입니다. 제 테이블 옆에는 20대로 보이는 세 명의 멋진 여성이 메뉴를 보고 있었어요. 그런데 "에피타이저는 수프랑 샐러드 중에 뭐로 하지?", "햄버그스테이크도 먹고 싶고 닭고기조림도 맛있겠다" 하며 밝은 목소리가 들려 왔습니다.

모두들 웃으면서 즐거운 듯한 분위기였는데, 메뉴와 씨름한 지 30초가 지난 무렵부터 조용해지기 시작하더니 유독 한 명이 메인요리를 정하지 못하고 있었어요.

이미 메뉴를 정한 두 명은 필사적으로 "고민되지?"라며 그녀에게 맞춰주고 있었지만, 점차 그런 반응도 시들해지고 스마트폰을 만지며 어쩔 수 없이 물만 마시고 있는 것 같았습니다.

결국 메인요리를 정하지 못한 여성이 "어머, 그 스마트폰 케이스 귀엽다. 어디 거야?" 하는 질문까지 하더니 다른 두 명이 주문할 요리를 정한 지 2분도 넘게 지난 후에야 겨우 "그래 결정했어!"라며 자신만만하게 목소리를 높였습니다. 그때 기다리게 했던 친구들에게 미안하다는 말도 없고 스스로 점원을 부르려고 하지도 않았어요.

'친구니까' 하고 넘어가자면 그만이지만, 함께 있으면 편하고 즐거운 친구이기에 더욱 상대방을 무작정 기다리게 하거나 사정을 봐달라고 하지 않아야 합니다. 그래야 오래 만날 수 있어요. 이처럼 당신이 주문이 정해질 때까지 시간이 걸리는 타입이라면 '상대방이 주문을 결정하고 나서 15초 이내에는 결정한다'는 등의 구체적인 시간을 설정해두는 방법도 좋습니다.

자주 갈 일이 없는 특별한 레스토랑에서 메뉴의 선택지가 많거나, 모르는 음식이나 단어가 적혀 있는 경우는 조금 다를 수 있습니다. 하지만 평소 가볍게 이용하는 카페나 식당, 패밀리레스토랑 등에서는 상대방이 주문을 정한 후에 늦어도 '15초 이내에 결정한다'는 규칙을 실천해보기 바랍니다.

15초는 우리에게 익숙한 텔레비전 광고와 같은 길이이므로 텔레비전을 볼 때 시간감각을 의식해보세요. 저는 제 주문이 정해져도 상대방이 주문을 망설이고 있다면, "나는 정했어!"라고 말하지 않고 조용히 메뉴를 덮거나 물을 마십니다. 상대방을 조급하게 만들지 않고 상황을 살피다가 "이제 점원을 불러서 주문할까?" 하고 말하곤 합니다. 저는 상대방을 기다리게 만들지 않는 것은 물론이고, 열심히 메뉴를 고르고 있는 상대방을 방해하고 싶지도 않습니다. 중요한 것은 상대방의 시간을 빼앗지 않겠다는 의식이겠지요.

45분밖에 없는 귀한 점심시간에 '돈까스 세트를 먹을까? 튀김세트를 먹을까?' 하고 계속 고민하는 상대방 앞에서 고픈 배를 움켜쥐고 이제나저제나 하고 기다리는 사람 중에는 '앞으로는 이 사람이랑 점심은 못 먹겠다' 싶은 사람도 있을지 모릅니다. 주문을 재빨리 하는 사람이란 단순히 '성격 급한 사람'이 아니라, '시간의 가치를 아는 사람'이라고 할 수 있지 않을까요?

당연히 그런 사소한 일은 신경 쓰이지 않는 사람도 있겠지만, 메뉴를 고르며 2분씩이나 고민한다면 남을 기다리게 하는 시간감각에 둔감하다고 할 수 있습니다. 결국 상대방은 '이 사람은 말도 길겠군' 하고 짐작하겠지요.

주문하지 않고 대화를 계속하고 있으면 머리 한구석에서 '점원을 불러서 주문해야 하는데' 하는 생각이 들기 때문에 대화에 집중하기 어렵습니다. 실제로 그런 경험을 한 분들도 많지 않나 싶네요.

마트 계산대에서 앞에 선 손님이 계산을 마친 후 영수증이나 거스름돈을 깔끔하게 정리하여 지갑에 넣으려고 자리에서 선 채로(줄에서 비켜서 해도 될 일인데) 움직이지 않아 당신의 계산이 늦어진 경험은 없나요?

사람을 기다리게 하고서도 아무렇지 않아 한다면 '어째서 자기 생각밖에 못 하는 거지?', '자기 자신만 생각하다니 무례한 사람이군'이라는 평가를 받아도 어쩔 수 없습니다.

일이든 사생활이든 사람들과 좋은 만남을 지속하고 싶다면 주위 상황을 살피면서 언제나 시간을 의식하길 바랍니다. 1초에 대한 감각을 갖고 대화한다면 결단력은 더욱 향상되고 여러 가지 문제 해결에 대해 이전보다 더 자신감이 생길 겁니다.

소설가이자 정치가이며 과학자였던 독일의 괴테는 '잘 사용하면 시간은 언제나 충분하다'는 명언을 남겼지요. 시간을 초 단위로 의식하는 것은 이러한 명언을 실현하는 데 꽤 효과적일 것이라 믿습니다. 다만 결단이 빨라져도 전달하는 방식의 정중함과 상냥함은 잊지 말아야 합니다.

# '역시'의 연발은
# 강요하는 느낌이 들 수 있습니다

저는 추억의 가요를 아주 좋아합니다. 집안일을 하면서 홍얼거리는 곡은 초등학교 시절에 좋아했던 아이돌의 노래나 트로트를 비롯해 추억 메들리예요. "조금 더 마시게 해주세요…" 등의 트로트 명곡 〈빙우(氷雨)〉를 부르면서 욕실 청소를 하고 있으면 아이들이 "무슨 노래에요?"라며 물어봅니다.

제가 어렸던 1980년대부터 1990년대 초의 노래에는 특히 추억이 많은데, 개인적으로 애절하고 인정 많은 세계를 그려내거나 정열적이며 힘이 넘치는 가사를 좋아합니다. 그리운 멜로디, 그리고 당시 가수들의 파워풀한 성량과 맑은 음색이 기분을 고취시키거든요.

어느 날 밤, 옛날 히트송 프로그램이 방송되었을 때의 일입니다. 십수 년 전 인기가수였던 한 남성이 게스트로 출연했습니다. 그런데 그가 어떤 말을 자주 사용한다는 사실을 알아차렸어요. 바로 '역시'라는 말이었습니다. 저는 컨설턴트로 조언하는 일을 하는데, '역시'라는 말을 연발하는 사람을 보면 '고집이 센 사람', '완고한 사람', '밀어붙이는 식의 대화를 하는 사람'이라는 인상을 받습니다.

예를 들어 "요즘 젊은 가수들의 퍼포먼스를 보고 어떤 느낌이 드시나요?"라는 사회자의 물음에 "뭔가 역시 우리와는 다르네요. 옛날에는 죽을 둥 살 둥 모두 뜨거웠거든. 역시 그때 가수들은 몸으로 부딪치고…. 역시 우리 세대는…" 등의 대답을 했습니다.

이때 이야기를 시작한 지 15초 만에 '역시'가 세 번이나 등장합니다. 소리 내어 읽어보면 알겠지만 5초에 한 번꼴로 '역시'를 들으면 집착하는 느낌이 들지 않나요?

물론 사람마다 말하는 스타일이 다르고 어떻게 발언할지도 자기 자유입니다. 다만 '역시' 등을 연발하면 가장 전달하고 싶은 이야기가 무엇인지 흐려져 내용보다는 그러한 말버릇만이 인상에 남기 쉽습니다.

단지 나이 든 사람뿐만 아니라, 세대에 관계없이 자신을 과신하는 사람, 시야가 좁은 사람, 감정적으로 행동하기 쉬운 사람들이 '역시'를 연발하는 경향이 있습니다. '역시'라는 말을 사용할 때 우리는 확신에 차서 '그런 건 당연해', '나에게는 당연한 일이야', '상대방을 꼭 설득하고 싶어'라는 마음이 있다는 걸 부정할 수 없어요. 그러니 가장 강조하고 싶은 말만 골라서 '역시 이 문제가 가장 중요해요!'라고 하는 편이 알기 쉽게 전달하기에 효과적입니다.

## '역시'를 과용하는 사람의 사례

① "역시 기존 계획대로 가는 것이 해외 고객들도 좋아할 겁니다. 왠지 역시 새로운 계획은 좀 어려울 것 같네요."

② "역시 요즘은 모두 인터넷으로 해결되는 시대지만, 역시 인터넷이 아니라 오프라인으로 연결되는 시간도 우리한테는 필요하다고 봅니다."

'역시'를 반복적으로 사용하면 역시 귀에 거슬리지 않나요?

제가 위의 문장에서 사용한 역시도 필요 없는 말입니다. 당신 주위에 역시라는 말을 여러 번 사용하는 사람이 있다면 한 번쯤 관찰해보세요. 사례에도 등장했지만 역시를 사용하는 사람은 동시에 '왠지' 등을 같이 쓰기도 합니다. '왠지 역시 별로 내키지 않아'라는 애매한 표현을 하는 사람이나, 생각이 정리되지 않은 상태에서 이야기를 시작할 때 자기도 모르게 입에 담는 말이기도 해요. 역시와 마찬가지로 '왠지', '꽤나', '굉장히' 등의 말도 너무 자주 사용하지 않도록 주의합시다.

역시는 연발하면 '완고함', '지루함', '끈질김', '강요' 등이 느껴진다는 것을 기억하세요. 꼭 필요한 때만 역시를 사용하면 당신이 정말로 전달하고 싶은 내용, 알아주었으면 하는 이야기가 상대방에게 잘 전달될 겁니다.

'왠지 역시 별로 내키지 않아'라는 애매한 표현을 하는 사람이나, 생각이 정리되지 않은 상태에서 이야기를 시작할 때 자기도 모르게 입에 담는 말이기도 해요. '역시'와 마찬가지로 '왠지', '꽤나', '굉장히' 등의 말도 너무 자주 사용하지 않도록 주의합시다.

# "다들 하잖아요"라는 말은
# 매우 무례한 표현입니다

"최근 들어 중국어를 배우기 시작했어요!"라며 새로운 결의에 차서 눈을 반짝이며 말하는 이에게 무심결에 "요즘 중국어는 다들 하더라고요"라고 답하지는 않나요?

"큰 결심을 하고 러닝을 시작했어요"라는 손님에게 "요즘은 길거리에 보면 달리는 사람들이 많더라고요" 하고 웃으며 반응하는 점원도 있지요.

새로운 일을 시작했다거나 새로운 곳을 여행했다, 친척이 결혼했다 등은 평소에 자주 듣는 이야기일지도 모르지만 말하는 사람은 제각각 거기에 도달하기까지의 드라마나 갈등, 희열이 있었기에 결단한 거예요. 그런 배경을 깡그리 무시하고 그 말 자체에만 가볍게 '다 하잖아요'라고 반응을 보이는 것은 사실 매우 무례한 행동입니다.

그렇다고 해서 '우와 너무 멋져요!'라며 과하게 반응하라는 의미는 아닙니다. '다 한다'는 말은 '당신이 하고 있는 일은 지극히 일반적이다', '당신은 결코 특별하지 않다'고도 느낄 수 있는 메시지이므로 사용할 필요가 없습니다.

말하는 사람은 상대방의 반응, 칭찬, 자신의 노력과 신념에 대한 이해, 조금의 놀람 등을 약간은 기대하고 있을 겁니다. 딱히 악의가 있는 답변은 아니겠지만 '다 한다'는 말에는 상대방의 믿음이나 의욕을 꺾어버리는 힘이 있다는 것만 알아도 피할 수 있겠지요.

반응할 때의 말을 잘 고르면 당신은 늘 '○○ 씨와 이야기하면 정말 즐거워', '의욕이 샘솟아'라는 느낌을 주는 존재가 될 겁니다.

새로운 일을 시작했다거나 새로운 곳을 여행했다, 친척이 결혼했다 등은 평소에 자주 듣는 이야기일지도 모르지만 말하는 사람은 제각각 거기에 도달하기까지의 드라마나 갈등, 희열이 있었기에 결단한 거예요. 그런 배경을 깡그리 무시하고 그 말 자체에만 가볍게 '다 하잖아요'라고 반응을 보이는 것은 사실 매우 무례한 행동입니다.

# 최악의 타이밍에
## 말을 거는 사람은 되지 마세요

단어 선택과 마찬가지로 말을 거는 타이밍은 신중해야 합니다. 경어나 바른말 사용에 신경을 쓰는 사람이 늘어나고 있지만, 말을 거는 타이밍은 아직 개선의 여지가 큰 것 같습니다. 이야기할 내용과 달리 이야기하는 타이밍은 준비할 수가 없습니다.

'말 거는 타이밍이 뭐 대수라고…'라고 생각할 수도 있지만, 사실은 이 타이밍 때문에 상대방을 불쾌하게 만들어버리면 나중에 아무리 이야기 내용이 좋아도 '타이밍을 잘 못 맞추는 사람', '이야기에 끼어든 사람'이라는 부정적인 이미지가 남기도 해요.

'초두효과'라는 것이 있습니다. 상대방의 첫인상은 기억에 남기 쉽고, 나중의 평가에 큰 영향을 준다는 심리효과입니다. 그렇다면 대화에서는 어떤 요소가 첫인상에 영향을 줄까요. 바로 다음의 세 가지입니다.

① 말 ⇨ 예의 바른 말을 사용하는지, 아닌지

② 목소리 ⇨ 차분하고 진정되어 있는지, 아닌지

③ 말을 거는 타이밍 ⇨ 상대방을 관찰하고 있었는지 아닌지


아마도 독자인 당신은 많든 적든 ①과 ②에 대한 의식은 이미 가지고 있을 거라 생각합니다. 여기에 더불어 앞으로는 ③의 타이밍을 더 의식하면 첫인상이 완전히 달라질 겁니다.

얼마 전에 비즈니스 이벤트 프로그램의 하나로 세 명의 일본인 여성들이 진행하는 패널 디스커션 영상을 보았을 때의 일입니다. 여성들은 모두 50~60대였고 미용연구가와 경영자라는 직함으로 활약하며, 차분한 분위기를 지니고 있었지요. 동시에 힘 있고 박력 있게 자신의 경험담을 이야기했습니다.

한 경영인 여성이 전통공예를 이용한 자사 상품을 현대의 감각에 맞춰 어떻게 마케팅했는지 성공사례를 말했습니다. 그중 A 씨가 "○○ 씨(여성 경영인)의 생각은 당시에 무척 혁신적이었겠네요" 하고 추임새를 넣었는데, A 씨가 이야기를 다 마치지 않은 타이밍에 B 씨가 얼른 끼어들어 "그러니까 다른 업계 분들은 싫어할 만한 일이었겠어요" 하고 말했습니다.

B 씨는 A 씨가 "…혁신적이었겠네요"라고 말을 마친 후에도 충분히 이야기를 시작할 수 있었습니다.

이후로도 A 씨와 B 씨는 경영인 여성의 이야기를 계속 들으면서 코

멘트를 했습니다. 그런데 B 씨만은 매번 말하는 사람이 이야기를 마치기도 전에 상대방의 말을 자르며 코멘트를 하거나, 다른 사람의 코멘트에는 전혀 귀를 기울이지 않고 자기가 말하는 데만 급급했습니다. 화면에 비친 B 씨를 보고 있으니 평소에 다른 사람의 말을 잘 듣지 않는 완고한 사람이겠다는 생각이 들었습니다.

완고한 면은 개성이나 장점으로서 매력이 될 수도 있지만, 남들 앞에서 이야기를 할 때 완고함을 드러낼 필요는 없지요. 상대방이 이야기를 마친 후에 자신이 말하는 편이 좋은 평가를 받습니다.

토론에 열심히 참여하려는 생각에 그랬는지도 모르지만, 안타깝게도 다른 두 사람에 대한 배려나 존중이 느껴지지 않는 타이밍에 끼어들어 시청자에게 좋은 인상을 주지 못했습니다.

반면에 말을 차단당한 A 씨는 안색 하나 변하지 않고 웃으면서 품위 있게 긍정적인 대응을 보여주어 보는 이로서도 많은 공부가 되었습니다.

그리고 또 하나, 이야기에 끼어드는 타이밍과 마찬가지로 신경이 쓰이는 일이 있었습니다. 바로 한 점원의 사례인데요. 아이들에게 말을 걸 때의 타이밍에 문제가 있었습니다. 아이들과 자주 찾는 캐주얼한 레스토랑에서는 점원의 서비스가 좋은 데다 아이들의 식사를 가져다줄 때는 "○○양(군), 많이 기다렸지요. 맛있게 먹어요!" 하고 웃으면서 말해주고는 자리를 떠납니다. 덕분에 아이들은 식사에 집중할 수 있지요.

그런데 그런 적절한 타이밍에 서비스해주는 사람과는 반대인 점원을 만난 적이 있습니다.

전에 가족들끼리 외국 여행을 갔을 때 만난 현지 레스토랑에서 일하는 일본인 여성은 제가 아이들에게 말을 하고 있는데 "어머 일본인?" 하고 물어왔습니다.

이 시점에서 '일본 분이세요?'가 아니라 '일본인?'이라는 질문이 불편하게 느껴졌지만 온화한 표정으로 대답했어요. 그 후 주문한 아이들의 파스타를 가져다준 그녀는 접시를 테이블에 놓자마자 다짜고짜 "너 파스타 좋아하니? 어떤 캐릭터 좋아하니?" 하고 아이에게 질문 세례를 퍼부었습니다.

아이들이 대답을 마치기도 전에 "언니도 일본에서 살았어"라며 현재에 이르기까지의 경력을 세세히 1분도 넘게 이야기하는 것이었어요.

당연히 저는 그녀가 이야기하는 도중에 "자, 식기 전에 먹을까?" 하고 아이들을 독려하며 수저를 들었는데, 자기 이야기가 하고 싶어 안달이 난 그녀는 전혀 개의치 않았습니다.

요리 가까이서 이야기할 때 침이 튈까 걱정인 데다 우리에게 관심이 있는 것도 아니고, 본인이 하고 싶은 이야기를 일방적으로 들어야만 했어요. 겨우 몇 분이었는데도 훨씬 더 길게 느껴졌습니다.

이럴 때 말을 걸기에 적합한 타이밍은 식사가 끝나고 그릇을 정리하며 계산을 기다릴 때 등이 가장 좋습니다. 그녀는 해외에서 살기 때문에 우리가 일본인이라는 것을 알고는 안심감과 친근함이 느껴져 자기도 모르게 말을 하고 싶었는지도 모릅니다. 그런 마음을 모르지는 않습니다만, 식사를 하는 상대에 대한 최소한의 매너는 확실히 지켜 줘야 하지 않았을까요. 말을 거는 타이밍에서 드러나는 고집이나 상식 밖의 모습은 첫인상뿐만 아니라, 그 후의 관계에도 영향을 줍니다. 자신이 이야기해야만 하는 타이밍을 살펴보고 때로는 기다리는 것도 대화를 할 때 꼭 필요한 센스입니다.

완고한 면은 개성이나 장점으로서 매력이 될 수도 있지만, 남들 앞에서 이야기를 할 때는 완고함을 드러낼 필요는 없으며 상대방이 이야기를 마친 후에 자신이 말하는 편이 좋은 평가를 받습니다.

# 질문도 지나치면
# 당신에 대한 평가가 낮아집니다

"2년차 파견 직원 중에 저와 같은 연배의 여성(S 씨)이 있는데요. 업무 내용 때문에 자주 질문을 하는데, 제가 설명하면 "그건 안 배웠는데 요" 혹은 "어째서 저한테만 이런 일이 생기는 거죠?" 하고 말합니다. 그녀에게는 이상한 자존심이 있어서 고맙다는 인사도 안 해요. 질문은 매뉴얼을 확인하면 알 법한 내용뿐인데, 찾아보는 것이 귀찮아서 저한테 물어보니 이제 적당히 묻고 스스로 찾아보라고 하고 싶어요. 불필요한 감정싸움 없이 잘 전달할 수 있는 방법이 있으면 알려주실 래요?"

모 기업에서 '리더 연수'를 수강하신 40대 여성 Y 씨가 수강 후에 제게 해준 이야기입니다. Y 씨는 성실하고 사람들과의 관계가 좋은 데다 차분하고 침착했습니다. 일은 일로 끊어내야 한다는 사고를 지닌 여성이었어요. Y 씨는 정직원인 입장이므로 교육을 해야 하는 책임도 있었습니다.

같은 파견 직원 간이라면 동료로서 "나도 자신이 없으니 과장님께 물어보는 게 어때?"라며 다른 사람에게 부탁할 수도 있지만, Y 씨는 그럴 수 없었어요. 만약 제가 Y 씨였다면 매뉴얼을 활용해 구두로 질문에 대해 명확히 답해주겠어요. 그래서 다음과 같은 대처방법을 알려드렸습니다.

"아시다시피 ○○ 씨의 질문은 매뉴얼의 이 페이지에 적혀 있습니다(매뉴얼을 함께 보면서). 제가 설명하는 것보다도 몇 배는 알기 쉽게 쓰여 있으니 꼭 이 매뉴얼을 활용해보세요! 그러는 편이 여러 번 저를 찾지 않아도 되고, 제 대답보다 정확한 내용이니 다음부터는 매뉴얼에서 확인해주세요. 만약 처음 있는 사례라 하더라도 마지막 장에 보면 〈사례집〉이라는 페이지가 있으니 일단은 매뉴얼을 찾아보시면 좋겠어요. 저는 과장님이나 주위 분들에게 자꾸 물어봐야 하는 것이 죄송해서 지금도 〈사례집〉을 이용하고 있거든요."

이 예문의 '저는 과장님이나 주위 분들에게 자꾸~'라는 부분에서는 약간의 반감을 느끼는 분도 계실 수 있습니다. 다만 '저도'가 아니라 '저는'으로 표현함으로써 S 씨가 그렇다는 뜻이 되지 않도록 했습니다.

오히려 '제 경우는'이라는 식으로 Y 씨 자신이 스스로의 경험으로 이야기하고 있으므로 당당히 전달해도 실례되는 내용은 아니지요. 참고로 며칠 후 조언해드린 Y 씨로부터 메일을 받았습니다.

'선생님이 알려주신 방법을 곧장 실천해보았어요. 그랬더니 이번

주는 아직 한 번도 질문이 안 왔습니다. 이대로 매뉴얼에 대해 계속 어필해볼게요. 정말 감사합니다!'

이런 내용이었기에 일단은 안심이 되었습니다. 모든 사람에게 효과적이라고 할 수는 없는데, Y 씨처럼 행동력이 있는 사람만이 변화를 가져올 수 있다는 사실을 실감했습니다. 직접 찾아보면 알 수 있는 일인데 뭐든지 물어보는 사람은 스스로 머리를 쓰려고 하지 않고, 다른 사람에게 민폐를 끼치면서 정보를 얻으려고 하는 듯이 보입니다.

본인 입장에서는 모르는 걸 묻는 것은 당연하다거나 쉽게 정보가 들어오니 편하다고 여길지도 모르지만, 여러 번 질문을 받는 입장에서 보면 '게으른 사람', '성가신 사람', '엮이고 싶지 않은 사람'이라고 평가되기 쉬우므로 주의해야 합니다.

전통공예나 기술력이 필요한 장인의 세계에서는 '어깨 너머 배우라'는 풍조가 있어, 스승이나 선배에게 질문하는 것조차 꺼리던 시절이 있었습니다. 물론 그 정도는 극단적일지 모르지만, '질문을 한다'는 것은 상대방의 집중력과 시간을 뺏을 뿐만 아니라 상대방이 가진 정보와 경험이라는 '지식'을 일방적으로 나눠달라고 하는 것임을 이해한다면 질문에 대한 의식이 달라지지 않을까 싶네요. 일이라고는 하나 질문할 때마다 상대방에게 빚을 지는 것이기도 합니다.

그런 빚을 늘리기만 하고 감사 인사조차 하지 않는다면 신뢰관계는 흔들리고 '뭐든지 묻는 귀찮은 존재'로 여겨져도 어쩔 수가 없는 거지요.

만약 갓 입사한 직장에서 화장실의 비누가 떨어지고 없다면, 곧장 "비누가 어디 있지요?"라고 누군가에게 묻기 전에 화장실이나 세면대 선반이나 서랍장을 한 번쯤은 둘러보며 스스로 찾아보면 좋겠습니다. 아무리 사소한 일이라도 우선은 스스로 생각하고 행동한 후 "새 비누로 교체해두었어요!"라고 하는 사람이 더 높이 평가받는 법이거든요!

'질문을 한다'는 것은 상대방의 집중력과 시간을 뺏을 뿐만 아니라 상대방이 가진 정보와 경험이라는 '지식'을 일방적으로 나눠달라고 하는 것임을 이해한다면 질문에 대한 의식이 달라지지 않을까 싶네요. 일이라고는 하나 질문할 때마다 상대방에게 빚을 지는 것이기도 합니다.

# 질문은 길수록 상식에서 벗어난다는 걸
## 늘 기억하세요

이전에 학교를 운영하던 여성의 강연을 들은 적이 있습니다. 강연자는 지방에서 도내의 강연회장으로 이동했기 때문에 강연이 끝날 때 "죄송하지만 강연 후에 학교로 돌아갈 신칸센 시간이 빠듯하니, 질의응답은 세 분에 한해서만 진행하도록 하겠습니다" 하고 말씀하셨어요.

이에 청취자 중 첫 번째 질문이 끝나고 두 번째로 손을 든 여성이 지명을 당했습니다. 백 명이 넘는 청취자 중에서 당당히 손을 들어 질문하고 싶을 만큼 열심인 분임은 틀림없었어요.

질문자는 어떤 질문을 하고 강연자는 어떻게 답하게 될까…? 내용은 물론이고 프레젠테이션 측면에서도 흥미진진했습니다. 드디어 두 번째 질문자인 여성에게 마이크가 쥐어졌습니다. 그런데 질문의 대부분은 자신의 경력소개(강연자와 마찬가지로 유학한 경험이 있다거나 바이링구얼이라는 것 등)에 대한 내용이며, 질문 자체는 그런 이야기가 없어도 이해할 만큼 간단한 것이었어요. 종합하면 질문자인 여성은 1분 반 정도를 이야기했습니다.

결국 강연자는 두 번째 여성의 질문에 간략히 대답한 후, "앗, 죄송합니다. 이제 가야 할 시간이 되어 질의응답은 마치도록 하겠습니다"라고 한 후 세 번째 질문은 받지 못했습니다.

국제 감각도 있고 친근하며 재미있게 내용을 이야기해준 강연자였던 만큼 저뿐만 아니라, 다른 청취자들도 분명 안타까웠겠지요.

강연회에서 질문을 할 때는 '질문은 간단히 하고 강연자가 많은 이야기를 하도록 하자', '나 외에도 질문하고 싶은 사람이 있을 거야'라는 배려하는 마음을 갖기 바랍니다.

저도 강연자로서 단상에 오를 일이 많은데, 강연 주제가 '프레젠테이션', '전달방법', '커뮤니케이션' 등의 내용이 영향을 주는 탓인지, 질문하는 분이 1분 이상 길게 말하는 경우는 없습니다.

질문하는 쪽의 의식도 중요하지만, 질문에 대답하는 쪽 역시 "시간이 한정되어 있으니 죄송하지만 질문은 가급적 짧게 해주시면 감사하겠습니다. 여러분으로부터 하나라도 많은 질문을 받는 편이 모두에게 유익할 테니 협조를 부탁드립니다" 하고 미리 말해두는 것도 효과적입니다.

참고로 '질문은 20초 이내'를 기준으로 해두면 좋습니다. '20초'라고 하면 초조하게 여길 수도 있지만, 다음의 내용을 침착하게 이야기해도 시간 내에 말할 수 있으니 소리 내어 읽어보세요.

## 20초 질문 사례

①오늘 도움이 되는 말씀해주셔서 대단히 감사합니다. 저는 영업직으로 10년차에 들어선 스즈키라고 합니다. 선생님이 손님과의 대화에서 가장 중요하게 여기는 것을 여쭤 봐도 될까요?

②오늘 직접 선생님의 말씀을 들을 수 있어 영광입니다. 저는 네 명 정도가 리모트 기업을 성공시키는 비결을 여쭙고 싶습니다.

③저는 시즈오카에서 초등학교 6학년 반 담임을 맡고 있는 다나카라고 합니다. 저희 반은 남들 앞에서 발표하는 걸 좋아하는 아이들이 많은데, 상대방의 마음을 울릴 수 있는 전달 방법을 알려주셨으면 좋겠습니다. 아이들도 할 수 있는 포인트를 부탁드립니다.

중요한 이야기라 반복하는데, 강연이나 연수, 지역이나 학교 학부모 모임 등에서 질문 시간인데도 불구하고 자신에 대한 이야기를 장황하게 늘어놓는 것은 피하는 것이 좋습니다. 예를 들어 질문에 답할 사람이 알아두어야 할 정보가 있다면 "질문에 앞서 현재 상황을 간단히 설명드리겠습니다" 하고 알려주는 것이 효과적입니다.

질문자가 말하는 이야기에서도 배울 점이 있으니, 반드시 20초를 넘기면 안 된다고는 할 수 없겠지요. 하지만 '당신의 이야기가 듣고 싶어서 일도 쉬고 강연을 온 게 아니라고' 하고 생각하는 분도 있을지 모른다는 상상력이 필요합니다.

특히 유료 강연이나 세미나에는 모두가 높은 비용대비 효과를 얻고자 하는 열망을 갖고 참가합니다. 강사에게 질문도 하고 의견도 나누고 싶으며, 그 자리에서만 얻을 수 있는 자극적인 만남도 기대하고 있을 거예요. 그러니 길게 늘어지는 질문이나 자신의 경력소개를 오래 하는 것은 예의가 아니지요(자신에 대해서는 이름, 직업만 말해도 충분합니다).

더러는 "저도 경영자로서 30년의 경력이 있고 모 상장기업과 거래도 했고, 종업원 수는…" 하고 자신의 회사에 대해 설립부터 헤쳐 온 역경과 이루어낸 성공에 대해 1분 이상 말하는 경영자도 있었습니다.

그런 분을 보고 있으면 객관적인 관점을 갖고 말하는 것에 익숙하지 않은 탓에 기껏 좋은 이야기를 하고도 자랑으로만 들리는 손해를 본다는 생각을 떨칠 수 없습니다. 설령 많은 경험을 쌓았다고 해도 자신의 강연회가 아닌 이상 긴 설명은 삼가고 질문하는 사람이 지적으로 보입니다. '벼는 익을수록 고개를 숙인다'는 속담처럼 지적인 사람일수록 남들 앞에서 많은 이야기를 하지 않는다는 공통점이 있어요. 참고로 저는 질문을 할 때 늘 '나만 알고 싶어 하는 정보인가?' 혹은 '나 외에도 이 질문의 답을 알고 싶어 하는 사람이 있는가?'를 생각합니다.

전자의 경우에는 개별 질문이 가능한 상황이라면 그렇게 하고, 가능하지 않다면 짧고 간결하게 질문하여 시간을 빼앗지 않아야겠지요. 짧고 간결하게 질문하기만 해도 주위 사람들에 대한 배려는 당신을 더욱 지적인 사람으로 보이게 하고, '나중에 저 사람이랑 이야기해 보고 싶다'는 마음이 들게 합니다.

질문하는 쪽의 의식도 중요하지만, 질문에 대답하는 쪽 역시 "'시간이 한정되어 있으니 죄송하지만 질문은 가급적 짧게 해주시면 감사하겠습니다. 여러분으로부터 하나라도 많은 질문을 받는 편이 모두에게 유익할 테니 협조를 부탁드립니다" 하고 미리 말해두는 것도 효과적입니다.

# '강조'가 아니라 '협조'가
# 중요한 포인트입니다

"저는 진짜 긍정적인 사람이에요!"

"저는 결혼에 안 맞는 사람이어서…."

"저는 외로움을 잘 타는 성격이에요."

당신도 이런 'ㅇㅇ한 인간' 혹은 'ㅇㅇ한 사람'이라며 묻지도 않았는데 군이 선언하는 사람을 만나본 적이 있나요? 이런 발언을 자신만만하게 하는 사람들은 자신을 알아주었으면 하는 승인욕구가 강하다는 인상을 줍니다.

화가 날 만큼 무례한 발언은 아니지만, "그건 왜 그런가요?" 하고 듣는 사람이 질문하지 않고서는 성립되지 않은 화법은 적당히 해야 합니다. 여기에는 자신의 취향이나 성격에 대해 일찌감치 선언하고 '내 스타일에 맞춰'라고 강요하는 듯한 느낌마저 엿보입니다. 게다가 자신을 알아주고 주목해달라며 관심을 끌려는 마음이 숨겨져 있습니다.

애초에 '인간', '사람'이라는 말을 사용하며 과장된 표현을 하거나 의미 없이 무언가를 풍기려는 사람은 평소에도 사소한 일로 까다롭게 굴 듯한 느낌을 주지요. '저는 굳이 말하자면 긍정적인 편이에요', '저는 결혼이라는 형태에는 별로 얽매이지 않습니다', '혼자 지내는 것보다는 친구와 시간을 보내는 걸 좋아해요' 하고 완곡하게 표현하며 "○○ 씨는 어떠세요?" 하고 상대방에게 이야기의 바통을 전달하면 되는데, '○○한 인간입니다'에서 멈춰버리는 사람이 압도적으로 많은 것 같습니다.

저 역시 커뮤니케이션 컨설턴트라는 입장에서 사람과 만날 때는 특별히 상대방의 이야기에 최대한 집중합니다. 사적으로 친구나 아이들 학교의 학부모들과 만날 때는 조금 편안하게 대화하지만, 절대 긴장의 끈을 늦추지는 않습니다.

일을 할 때와의 큰 차이는 '내가 상대의 진의를 끌어내는 입장'에 있는지 아닌지입니다. 사생활에서는 상대방이 풍기는 분위기에 맞춰 유머를 섞어가면서 '강조'가 아닌 '협조'의 화법으로 다가서려고 하지요. 그러면 상대방도 기분 좋게 느끼는 것 같아요. 제가 먼저 다른 사람에게 "저는 ○○한 인간입니다"라고 말하는 법은 없는데, 그건 '나만의 선언 같은 것을 남이 알고 싶어 할까?'라고 여기기 때문입니다. 자신이 어떤 인간인지는 대화를 통해 상대방이 자유롭게 느끼면 그만입니다.

화가 날 만큼 무례한 발언은 아니지만, "그건 왜 그런가요?" 하고 듣는 사람이 질문하지 않고서는 성립되지 않은 화법은 적당히 해야 합니다. 여기에는 자신의 취향이나 성격에 대해 일찌감치 선언하고 '내 스타일에 맞춰'라고 강요하는 듯한 느낌마저 엿보입니다. 게다가 자신을 알아주고 주목해달라며 관심을 끌려는 마음이 숨겨져 있습니다.

# '제가 좀 늦었습니다'는
# 진정한 사과가 아닙니다

배려가 없는 사람, 자신의 실수를 금세 잊어버리기를 바라는 사람들에게 공통된 화법이 있습니다. 바로 약속시간에 늦었으면서도 도착했을 때 사과를 하지 않고 "늦어졌습니다!"라고만 하는 겁니다. "늦어졌습니다!"는 사과가 아니라 단순히 상황을 보고하는 것일 뿐이에요.

미안한 마음도 사과하려는 뜻도 전혀 느껴지지 않습니다. 지각하는 실수는 당사자가 가볍게 넘어가 버리면 나중에 불성실한 사람이라는 인상이 꼬리표처럼 따라다닙니다.

누구든 할 수 있는 실수지만 자신이 상대방에게 만남을 요청한 경우에는 특히 늦지 않도록 주의해야 합니다. 늦은 것에 대해 상대방이 "괜찮아요"라고 하면 그 말을 곧이곧대로 받아들이고는 신이 나서 금세 다른 화제를 이야기하는 사람도 있습니다.

늦은 사람의 입장에서는 '아, 다행이다. 지각했는데 얼렁뚱땅 넘어

갔네'라고 안심할지 모르지요. 하지만 상대방은 괜찮다는 말과는 달리 마음속에서는 '괜찮다고 하면 어떤 반응을 보일까? 제대로 사과하는 사람이라면 이번에 늦은 것쯤은 그냥 넘어가야지' 하고 마지막 기회를 주려 했을 수도 있습니다.

이전에 다양한 직종에 종사하는 분들과 함께 한 프로젝트가 있었는데, 여섯 명이어서 미팅을 했을 때의 일입니다. 미팅 당일 저를 포함해 다섯 명이 5~10분 전에 도착해 있었습니다.

그런데 10분도 넘게 지각한 사람이 우리를 보고는 "아, 글쎄 길을 한 블록 착각하고 더 가버렸어요"라고만 말하고는 사과의 표현은 일체 하지 않았습니다.

그 사람 말에는 아무도 반응하지 않았어요. 그나마 한 사람이 "그럼 바로 시작할까요?" 하고 말한 덕분에 분위기가 원래대로 돌아갔지만, 저는 머릿속에서 안타까운 기분을 지울 수 없었습니다.

거듭 말하지만 아무리 서둘러 출발했어도 설마 하던 일로 지각하는 일은 누구나 있습니다. 또한 서둘러 화제를 전환해 자신의 실수를 주위 사람들이 빨리 잊어주길 바라는 마음도 이해는 됩니다.

하지만 사과는 사과예요. 처음에 분명히 사과한 후 용서를 구하는 과정이 필요합니다. '성실하지 못한 사람'이라는 인상을 남겨도 괜찮은 사람이라면 별개지만 말입니다. 예상 외의 사건으로 인해 상대방에게 민폐를 끼쳤다면 우리는 상대방에게 먼저 무엇을 이야기해야 할까요?

자기 때문에 상대방에게 폐를 끼쳤다는 사실을 자각하고 "죄송합니다!" 하고 분명하게 사과하는 사람만이 여러 상황에서 기회를 얻을 수 있습니다. 자신의 실수를 애매하게 넘어가지 않고 진지하게 사과함으로써 실수하지 않았던 때보다 깊은 신뢰관계를 구축하는 일도 많거든요.

# 늘 주의해서 써야 할 말,
## "대단하시네요"

무례한 사람들을 관찰하다 보면 하나부터 열까지 부정적인 이야기만 한다는 공통점이 있습니다. 예를 들어 다른 사람을 낮춰보는 듯한 말을 빈번하게 하는 사람은 "친척이 모 대학에 다니고 있어요" 하고 누군가 말하자마자 "거기가 이사장이 갑질로 사퇴한 대학이지요?", "요즘 대학생은 취직난이 심해서 졸업해도 노는 사람이 태반이지요?"라며 귀를 의심할 만한 반응을 아무렇지도 않게 합니다. 이는 이야기를 꺼낸 상대방을 전혀 존중하지 않는다는 것을 뜻합니다.

이 책을 읽고 있는 당신이 그런 말을 입에 담을 리는 없겠지만, 그런 무례한 말을 하는 사람이 되지 않기 위해 신경 쓸 점이 있습니다. 우선 상대방의 발언에 "그러셨군요", "그렇군요" 하고 반응하세요.

상대방의 발언이 자신의 경험치나 가치관이라는 필터를 통과하기 선에 온화한 표정으로 리듬감 있게 "그러셨군요" 하고 일단은 정중하게 수용하는 겁니다. 상대방의 발언 내용에 대해 당신 나름대로 생각하는 바가 있더라도 일단은 "당신에게 중요한 일을 제게 말씀해주셔서 감사합니다"라는 마음으로 받아들이면 됩니다.

참고로 "대학에 합격했습니다", "실은 이전부터 희망하던 출판 관련 업무로 이직하게 되었어요"처럼 축하할 내용이라면 곧장 "우와, 정말 축하드려요!"라는 말부터 해야 합니다. 그리고 "사실은 집안에 안 좋은 일이 있었어요", "구조조정을 당해서 지금은 남편이 집에 있어요" 등의 내용이라면 "그러셨군요…" 하고 목소리 톤을 낮추고 어미를 2초 정도 늘려보세요. 그렇게 하면 풀이 죽어있는 상대방에게 건넬 말이 쉽게 찾아지지 않는 만큼 당신이 이야기를 진지하게 받아들인 모습이 전달될 겁니다.

앞의 예처럼 "이사장이 갑질로 사퇴한 대학이지요?"라는 등의 상식을 의심할 법한 말만 불필요한 것은 아닙니다. 이전에 〈일본경제신문〉에 실린 독서면의 '신서 랭킹'에 제가 쓴 책이 상위 10위 안에 들었을 때의 일이에요. SNS를 통해 여러분께 감사의 마음을 전했더니, 한 경영자인 지인으로부터 '같이 파이팅하자!'라는 짧은 메시지가 왔습니다.

이것을 본 순간 저는 실망과 더불어 커다란 불편함을 느끼지 않을 수 없었어요. 제가 반대의 입장이었다면 상대방의 기쁜 일에는 "그거 대단하네요! 정말 축하해요. 언제나 남들보다 몇 배로 열심히 하시잖아요"라는 말이 먼저 나올 것 같습니다. '같이'라는 말이 먼저 튀어나오는 것은 '당신뿐만 아니라 나도 열심히 하고 있다'는 점을 어필하고 싶은 거예요. 상대방에게 '대단하다, 축하한다'는 마음을 진심으로 전하고 싶다면 '축하해! 앞으로도 응원할게'라는 말로 충분하지 않을까요.

'최근에는 러닝이 일과입니다', '도시락을 직접 싸요', '수제 마스크를 만들었어요', '의료종사자들에게 기부했습니다'라고 하면 '대단하시네요!'라고 반응하는 사람도 있습니다. 어린아이에게 "심부름도 잘하고 대단하구나"라고 말하는 것과 달리 자신보다 윗사람에게 사용하면 무언가 낮춰보는 것처럼 들리게 됩니다. "훌륭하시네요", "좀처럼 하기 힘든 일인데요(그러니 대단하다)", "멋진 일이네요", "존경스럽습니다"라고 말하는 편이 말의 깊이와 순수한 마음이 잘 전달됩니다.

무례한 말을 하는 사람이 되지 않기 위해 신경 쓸 점이 있습니다. 우선 상대방의 발언에 "그러셨군요", "그렇군요" 하고 반응하세요. 상대방의 발언이 자신의 경험치나 가치관이라는 필터를 통과하기 전에 온화한 표정으로 리듬감 있게 "그러셨군요" 하고 일단은 정중하게 수용하는 겁니다. 상대방의 발언 내용에 대해 당신 나름대로 생각하는 바가 있더라도 일단은 "당신에게 중요한 일을 제게 말씀해주셔서 감사합니다"라는 마음으로 받아들이면 됩니다.

## PART 3

적이 없는

사람이 되는 품격 있는 습관

# 상대방에 대한 배려가 쌓이면
# 인격이 됩니다

간단하게 당신의 평소 행동에 대해 질문 하나만 하겠습니다. 평소 회사나 외출한 곳의 건물(백화점이나 마트, 편의점이나 병원 등)을 드나들 때 한순간이라도 좋으니 뒤돌아보며 사람이 있는지 없는지를 확인하시나요? 그때 '뒷사람'을 위해 문을 잡아주는 사람을 보면 나이와 성별을 불문하고 감탄이 절로 나옵니다. 머릿속으로는 이미 '참으로 멋진 사람이구나!'라는 말이 튀어나오지요. 그럴 때 문을 열어준 사람에게 감사의 인사를 전하는 순간의 상호작용에서 기쁨을 느끼는 사람이 적지 않을 거예요.

요즘은 코로나19 때문에 굳이 사람과 가까이하지 않으려고 거리를 두는 사람들이 대부분이지요. 하지만 출입 시에 다음 사람을 위해 짧은 몇 초 동안 문을 잡아두는 행동은 지속되었으면 싶은 매너랍니다.

마트에서 계산대 앞에서 서 있을 때 앞사람이 잔돈이나 포인트 카드를 찾는 데 시간이 걸려 오래 기다린 경험은 없나요? 이럴 때 점원에게 "시간이 많이 걸려서 죄송해요"라며 미안함을 전달하거나 계산이 끝난 후에 자리를 뜨면서 뒤에서 기다리는 사람에게 "저 때문에 많이 기다리시게 했네요"라며 인사를 하면 기다리던 사람의 짜증도 단번에 날아가지 않을까요. 기다리는 상황에서 느끼는 심리적인 스트레스는 그 후의 상대방이 취하는 행동과 말에 따라 더 커지기도 작아지기도 하는 법입니다.

자신의 뒷사람에게 신경을 쓴다는 것은 '인간으로서 최소한의 예의는 지키고 싶다', '다른 사람에게 폐를 끼치고 싶지 않다'는 두 가지 감각이 토대를 이루고 있다고 봅니다. 그렇다고 하여 언제나 다음 사람을 위해 문을 잡아주라는 말이 아닙니다. 좋은 의도로 문을 잡아둔 덕에 2~3미터 거리에 있던 상대방이 서둘러 뛰어오게 되기도 하니 오히려 민폐가 되지 않도록 주의해야 하지요.

차를 운전할 때도 마찬가지예요. 신호가 없는 횡단보도 앞에서 유모차를 미는 아기 엄마나 무거운 짐을 들고 있는 사람을 보고 정지하여 기다리면, 차가 기다리는 통에 '빨리 건너야 하는데'라며 상대방이 초조하게 느끼기도 합니다. 그래서 저는 웃으며 손짓으로 먼저 가라는 신호를 보냅니다.

그러고 보니 이런 일도 있었습니다. 한 기업을 방문했을 때의 일이에요. 기업연수 제안에 대해 담당자와 미팅을 하고 나오는 길이었는데 반대쪽에서 여러 남성들이 들어오고 있었습니다. 저는 웃으며 인

사하며 "들어가세요" 하고 문을 잡아주었습니다. 회사로 돌아와 보니 연수 담당자에게서 메일이 와 있었어요.

거기에는 '선생님이 가실 때 마침 저희 임원 분들이 복귀했나 봅니다. 임원들이 선생님의 배려에 감격했답니다. 그런 연유도 있고 이번 연수 내용은 품의가 쉽게 통과되었음을 알려 드립니다'라고 적혀 있었습니다. 이렇듯 저는 일로 기업을 방문할 때는 만나는 사람 모두가 고객이라고 생각하고 실례를 범하지 않으려고 주의합니다. 그것이 강사로서의 신뢰를 주는 계기가 되었다니 우연일지라도 정말 기뻤습니다. 또 한 번은 제 사무실의 소개로 모 기업에서 신입사원 연수를 마친 여성 강사에게 담당자로부터 메일이 왔습니다.

'○○ 선생님과 화장실을 같이 썼던 수강생이 선생님이 원래 세면대에 붙어 있던 머리카락을 물로 깨끗이 씻어내시는 것을 보았답니다. 연수 이외의 장소에서도 선생님은 훌륭하신 분이었다며 굉장히 감동스러워했습니다'라는 내용이었어요. 이 사실을 강사 본인에게 전달하자 "그런 모습까지 보게 될 줄은 전혀 상상도 못했지만, 기쁘네요!"라며 눈을 반짝였습니다.

그녀는 다음 사람이 기분 좋게 세면대를 이용할 수 있도록 평소에 세면대에 머리카락이나 파운데이션 가루가 묻어 있으면 손을 헹굴 때 물을 뿌려 깨끗이 씻어두는 습관이 있었던 겁니다.

연수장을 한 걸음이라도 벗어난 순간 다른 사람을 생각하지 않고 인사도 미소도 없는 듯한 태도를 보인다면 '강사라고 하더니 말뿐이잖아'라는 생각을 갖게 되어 아무리 좋은 말을 해도 설득력이 없습니다. '습관은 제2의 천성'이라는 말이 있듯이 매일의 습관이 인격을 만듭니다. 그녀처럼 기분 좋은 습관을 평소에 실천한다면 인격을 연마하는 기회는 늘어날 것입니다. 분명 당신 역시 이미 멋진 습관을 가지고 있을 거예요. 그동안 뒷사람까지 배려하지는 못했다면 지금부터 배려를 실천해보면 어떨까요?

'습관은 제2의 천성'이라는 말이 있듯이 매일의 습관이 인격을 만듭니다. 그녀처럼 기분 좋은 습관을 평소에 실천한다면 인격을 연마하는 기회는 늘어날 것입니다.

# 조금만 더 상대방을 배려하면
# 신뢰가 쌓입니다

처음 지인의 사무실을 방문할 때나 레스토랑, 연수나 강연회장에 가는 길을 상대방에게 물을 때면 느끼는 바가 있습니다. '가장 가까운 역의 출구에서 걸으면 금방입니다'라는 사전 정보만을 받은 채, 가장 가까운 역에 내렸더니 출구가 네 곳인 데다 개찰구를 나온 후에 지상의 출구까지는 7분이나 걸린 적도 있어요. '1층에 편의점이 있는 빌딩을 찾으세요'라고 들었지만 세븐일레븐과 훼미리마트가 거의 붙어 있는 바람이 헷갈린 일도 있습니다. 찾아가는 방법을 구글맵 등으로 보내주면 고맙지요. 그런데 지도에는 나오지 않는 실제로 도움이 되는 정보를 알려주는 사람이 있으면 더 좋습니다.

예를 들어 '여러 빌딩이 서 있는데 당사 빌딩의 입구는 조금 안쪽에 있습니다. 쉽지 않아서 죄송합니다만, 분홍색 벚꽃 마크가 그려진 '벚꽃조제약국'의 입간판이 있는 빌딩을 찾아주세요', '긴자선으로 신바시 역에서 승차하시면 진행방향의 가장 앞 차량에 타주세요. 그러면 가장 가까운 2번 출구 근처에 내리실 수 있어요', '약속 날이 빌딩 엘리베이터 점검일과 겹치게 될 것 같아요. 3층까지 계단으로 오시게 해서 죄송합니다' 등이에요.

'꽃집 옆입니다'라고 알려주었는데 약속시간이 꽃집 개점시간 전이거나 휴업일이라면 '꽃이 밖에 나와 있는 곳을 찾으면 되겠지' 하고 생각하던 사람에게는 불친절한 정보가 됩니다.

'까다롭네. 그런 건 찾아가는 사람이 직접 알아보면 되지', '산간벽지에 가는 것도 아닌데 그렇게 상세히 알려줄 것까지야'라고 여기는 사람도 있고, 직접 착착 잘 찾아서 목적지까지 별 어려움 없이 도착하는 사람도 있겠지요. 하지만 저처럼 지도를 잘 읽지 못하는 사람도 있고, 스마트폰 세대가 아닌 사람도 있습니다. 그러니 실제로 목적지를 이용하는 사람만이 아는 구체적인 정보를 정중하게 안내하면 친절함은 두드러지기 마련입니다. 예를 들면 이렇게 말이지요.

"편의점이 두 개 있는데, 당사는 세븐일레븐이 입점해있는 빌딩입니다. 오실 때 유의해주시면 감사하겠습니다."

이를 통해 '상대방의 입장에서 정중하게 설명하는 사람', '사람들의 불편을 덜어주는 사람'이라는 인상을 주고, 평범하게만 설명하는 사람들 집단에서 눈에 띄게 됩니다. 그런 이미지 덕분에 '계속 교류하고 싶은 사람'으로 자리 잡게 되는 것이겠지요. 사소한 부분을 배려하고 도움이 되는 정보를 정중하게 알려주는 사람에게는 다소 어려운 부탁이라도 들어줄 만큼 신뢰관계를 형성할 기회가 생깁니다.

코로나19와 더불어 생활해야 하는 오늘날, 이전에는 당연했던 일들이 '안심과 안전'을 위해 사라지고 있습니다. 예를 들어 제가 다니는 미용실에서는 감염예방을 위해 잡지와 음료 제공 서비스를 중지했습니다. 펌이나 염색을 하며 4시간씩 미용실에 머무는 사람도 있으니 당일에 갑자기 '서비스를 중지했다'고 알려주는 것보다는, '죄송하지만 음료는 지참하시도록 부탁드립니다' 하고 사전에 정보를 제공하는 것이 좋겠습니다.

'이걸 사전에 알려주면 도움이 될까?', '이 정보를 전달하지 않으면 상대방이 곤란하겠지' 하고 한발 앞서 생각하는 습관이 더욱 요구되는 시대입니다.

친구를 만나거나 고객과 밖에서 미팅할 기회가 잦은 사람은 혹시나 상대방이 마스크를 잃어버리거나 더러워지고 줄이 끊어지는 등의 경우를 예상해 여분의 마스크를 상비해보세요. 무슨 일이 있을 때 "괜찮으시다면 쓰셔도 됩니다" 하고 전달하면 상대방은 세심한 배려에서 특별한 기억을 갖게 될지도 모를 일입니다.

코로나19와 더불어 생활해야 하는 오늘날, '이걸 사전에 알려주면 도움이 될까?', '이 정보를 전달하지 않으면 상대방이 곤란하겠지' 하고 한발 앞서 생각하는 습관이 더욱 요구되는 시대입니다. 사소한 부분을 배려하고 도움이 되는 정보를 정중하게 알려주는 사람에게는 다소 어려운 부탁이라도 들어줄 만큼 신뢰관계를 형성할 기회가 생깁니다.

# 세심하게 마음을 쓰면
# 감동으로 이어집니다

어느 겨울날, 아이들이 다니는 유치원에서 떡방아 찧기 대회가 열렸을 때의 일입니다. 봉사자로 참여한 엄마들 대표에게 "추운 날씨에 정말로 감사합니다!" 하고 저를 포함해 봉사에 참여하지 못한 학부모들이 떡방아 찧기 대회 전 등교 시에 말을 걸었습니다.

그러자 봉사자인 한 어머니가 "○○ 씨가 찹쌀로 밥할 때 나오는 연기가 옷에 배면 안 되니까 멋진 다운재킷은 안 입는 것이 좋겠다고 해주셔서 오늘은 냄새가 배도 전혀 상관없는 재킷을 입었어요! 그런 정보를 알려주셔서 정말 감사해요"라고 하시는 겁니다. 연기 냄새까지 생각해서 사전에 엄마들에게 정보를 전달하는 세심함이라니, 감탄하지 않을 수 없었습니다.

또 친구 여섯 명이서 다른 친구에게 출산 축하선물을 보낼 때의 일입니다. 총무가 '내일 일인당 3만5천 원씩 총무한테 내주세요' 하고 난

체 메시지를 보내자 다음 날 거스름돈이 필요할 것을 예상하여 만 원짜리, 오천 원짜리 지폐를 여러 장 준비해온 사람이 있었습니다. 모두 입을 모아 "○○는 정말 세심해. 고마워!"라며 칭찬했어요.

이렇듯 세심한 일에 신경을 쓰려면 상대방의 입장에서 오감을 전력으로 가동하여 한 걸음 앞을 상상하는 습관이 필요합니다. 참고로 세세한 일에 대해 전달할 때는 '이렇게 하지 않으면 안 돼', '그런 것도 몰랐어?'라는 말투는 당연히 실례입니다. 상대방에게 일어날 법한 일을 예상한다면 상대방으로서는 가장 반가운 '사소한 정보'를 발견하고 전달하여 도움을 줄 수 있습니다.

"○○ 씨 덕분에 작업이 빨리 끝났습니다!", "○○ 씨의 조언이 없었다면 작업이 끝나지 않았을지도 몰라요"라는 감사 인사를 들을 기회가 늘어나고, 당신은 언제나 '필요한 사람'이 되는 겁니다.

세세한 일에 신경을 쓰려면 상대방의 입장에서 오감을 전력으로 가동하여 한 걸음 앞을 상상하는 습관이 필요합니다. 상대방에게 일어날 법한 일을 예상한다면 상대방으로서는 가장 반가운 '사소한 정보'를 발견하고 전달하여 도움을 줄 수 있습니다.

# 섬세하게 상대방을 배려하면
# 언젠가는 빛을 발합니다

'디테일한 부분을 잘 본다'는 평가를 저는 가족들로부터 받고 있습니다. 아버지께는 "제가 집에 온다는 걸 알고 계셨으니 신발정리 정도는 해두세요", 남동생에게는 "우리 애들 앞에서 '대박'이나 요즘 젊은 사람들이 쓰는 줄임말은 쓰지 말아줘" 하고 미리 말해둡니다. 남동생이 길에서 우연히 지인을 만나 인사를 나누었을 때, "아까 그 인사는 조금 차갑게 느껴졌을 것 같아" 하고 지적하기도 했습니다.

  이렇게 쓰고 보니 제 말과 행동 때문에 '가족들이 스트레스받지 않나?' 하는 분들도 계실 것 같아요. 느긋한 가족들에 비해 저는 상대방의 말과 행동을 살피면서 세심하게 커뮤니케이션합니다.

  "그렇게 세세한 걸 생각하면 피곤하지 않아? 아니, 그보다 듣는 쪽이 더 피곤해"라고 한다면 딱 맞는 말이에요(웃음).

  하지만 가족들은 이것이 제 특성이라고 이해해줍니다. 원체 서로에게 고마워하는 유형들이어서 그런지 잘 지내고 있습니다. 저 역시 '조금 더 느긋하게 살자'는 목표를 세우고 세세한 일을 생각하지 않으려고 해본 적이 있습니다. 그런데 그런 생각을 할수록 실제는 정반대가 되더군요.

다만 그런 특성 덕분에 이미지 컨설턴트와 강사, 글을 쓰는 직업을 생업으로 살고 있다는 자부심도 있습니다. 애당초 제가 가족들처럼 느긋하고(약간 대충!?) 주위 사람들의 말이나 행동에 조금이나마 불편함을 느끼지 않았다면 커뮤니케이션이나 프레젠테이션 일을 하지 않았을 겁니다. 물론 가족의 정신건강을 생각해 세세한 일들을 전달하는 방식이나 빈도에 대해서는 배려하려고 하고 있습니다.

표현을 고민하거나 전달한 후에 애정 어린 응원을 덧붙이면 상대방과 소원해지는 일은 없거든요. 세세한 관점을 가졌기 때문에 앞의 일을 예상할 수 있고, 말과 행동으로 상대방을 돕거나 격려하고 구체적인 제안을 할 수 있는 겁니다. 그로 인해 매사가 빠르고 착실하게 진행되도록 준비할 수 있고, 안 해도 될 실수나 손실을 피하는 일이 압도적으로 많습니다. 사람들과 교류하는 방식과 매너, 사고방식 역시 마찬가지입니다.

'너무 세심한 건 아닌가?' 싶은 일이라도 적극적으로 끌어내서 상대방에게 전달하고 행동하니, 상대방이 고마워할 때도 있지요.

### 자연스러운 보통의 사례

#### • 만나면 곧장 먼저 말을 겁니다

"○○ 씨 안녕하세요!", "○○ 씨 수고 많으시네요. 얼마 전에 주신
선물 감사했습니다!", "○○ 씨, 지난주 자료 작성 건은 정말 큰 도움이
되었습니다! 고마워요!" 하고 인사합니다.

#### • 상대방이 맡긴 자료나 책 위에 손이나 물건을 올려두지 않습니다

의외로 많은 사람들이 상대방에게서 받은 자료나 책 위에 자기도
모르는 사이에 손이나 팔꿈치를 올리고, 스마트폰을 올려두기도 합니
다. 자료를 받침대 삼아 메모를 하는 사람도 있으니 주의하세요.

#### • 엘리베이터가 오면 상대방에게 먼저 안내합니다

아무도 타지 않은 상황에서는 내가 먼저 타서 '열림' 버튼을 누릅니다
(먼저 양보해도 좋아요). 만약 이미 여러 사람이 타고 있고 안에 있는 누군
가가 '열림' 버튼을 눌러주었다면, 상대방에게 먼저 타도록 양보합니다.
그리고 안에서 버튼을 눌러준 사람에게 목례나 감사 인사를 전합니다.

#### • 에스컬레이터에서는 내가 늘 '지상에 가까운 위치'

상대방과 에스컬레이터를 탈 때는 상대방을 내려다보지 않는 위치
에 서는 것이 좋습니다. 더러 다른 사람에게 발을 보이는 것을 신경
쓰는 사람도 있으므로, 상대방이 꺼리는 부분에 시선이 가지 않는 위

치를 고릅니다.

## 미팅 후에 함께 점심 먹을 때의 사례

### • 미팅 장소에 상대방이 일찍 왔다면 감사의 뜻을 전합니다

상대방과의 관계에 따라 다르겠지만, 친구 사이라도 '빨리 와서 기다려줘서 고마워'라는 한 마디에서 상대방을 소중히 여기는 마음이 전해집니다. 아무 말도 없이 '가자'라고 하는 사람도 있는데 '고마워'라는 말에서부터 커뮤니케이션을 시작하면 더 즐겁습니다.

### • 에어컨 바람이 직접 닿지 않는지 확인합니다

상대방이 문 가까운 곳의 소란한 자리에 앉았다면 "자리를 바꿀까요?", 에어컨이 너무 센 상황이라면 "가게 직원에게 말해볼까요?"라고 한 후에 행동으로 옮깁니다. 상대방에게도 물수건과 수저를 건네고, 상대방이 예약한 가게라면 '인테리어가 멋지네요', '이 의자 푹신푹신하니 느낌이 좋군요' 하고 식사가 시작될 때까지 긍정적인 감상을 한 가지는 전달합니다.

### • 스스로 상석은 양보합니다

가게에 들어서면 상석과 하석을 곧장 파악하고 상대방을 상석으로 안내합니다. "○○ 씨 이쪽으로 앉으세요" 하고 상석을 권하거나, 스스로 하석을 골라 자연스레 상대방이 상석이 앉도록 유도합니다. 환기에 대해서도 생각해서 "바람이 잘 통할 것 같으니 창이 가까운 자리에 앉을까요?" 하고 물어보는 것도 좋습니다.

### • 가게에서 주문할 때는 상대방부터 진행하게 합니다

메뉴가 한 가지뿐이라면 상대방에게 잘 보이는 위치에 메뉴판을 놓아두고, 상대방의 주문이 정해지면 당신이 점원을 부릅니다(일 때문이라면 입장에 따라서, 남녀의 경우에는 남성이 적극적으로 행동한다). 주문을 점원에게 전달할 때는 "○○ 씨부터 먼저 주문하세요" 하고 순서를 양보합니다.

### • 상대방의 짐에 신경을 씁니다

자리에 앉은 후에는 "쇼핑백을 놓을 곳이 있나요?", "겉옷은 걸어둘 곳이 있는지 물어볼까요?", 계산을 할 때는 "가방 들어드릴까요?" 하고 상대방에게 도움이 될 만한 것을 물어봅니다.

### • 걷고 있을 때도 분위기를 봐가며 말을 겁니다

"곧 뒤에서 자전거가 오니까 이쪽으로 피하세요", "위험하니까 조금 더 가장자리로 걸읍시다" 하고 안전에 관해 이야기합니다.

'상대방에게 이렇게까지 신경을 쓰다가는 녹초가 되겠다', '이런 배려를 받는 사람이 더 피곤하겠다'고 생각하는 사람이 있을지도 모르겠습니다. 그렇지만 실제로 해본 후에 하는 생각일까요? 상상만으로 그렇게 생각하는 것이라면 안타까울 따름입니다.

상대방을 배려한 정중한 커뮤니케이션은 서로가 기분 좋은 일이거든요. 저 역시 친구를 만나거나 업무상 누군가를 만날 때면 상대방을 우선해 생각합니다. 상대방이 편안해하는 모습을 보면 기분이 좋고, 상대방 역시 저를 배려해주고 있다는 걸 아니까 거리감이 확연히 줄어들어요.

세세한 일은 눈에 띄지 않게 하는 것이 가장 좋습니다. 예를 들어 순서를 상대방에게 양보할 때는 자연스레 걷는 속도를 낮춰 상대방이 먼저 가도록 하거나, 정중하게 상대방에게 먼저 하라는 손짓과 함께 낮고 부드러운 목소리로 말하면 됩니다.

상대방을 먼저 생각하는 사람들끼리 만났다면 양보받으면 감사히 호의를 즐긴 후 다른 기회에 상대방에게 양보하면 되지 않을까요? 번거롭게 여길지 모른다는 걱정은 하지 마세요. 서툴러도 눈앞의 사람을 위해 실제로 행동하는 모습이야말로 사람의 마음을 움직이는 열쇠니까요!

표현을 고민하거나 전달한 후에 애정 어린 응원을 덧붙이면 상대방과 소원해지는 일은 없습니다. 세세한 관점을 가졌기 때문에 앞의 일을 예상할 수 있고, 말과 행동으로 상대방을 돕거나 격려하고 구체적인 제안을 할 수 있는 겁니다.

# 단번에 의욕을 고취시키는
## 마법의 말 습관

내세울 것이라고는 운동신경밖에 없던 제가 초등학교 때 육상클럽에서 멀리 뛰기 연습을 하던 날의 일입니다. 제가 달려와 모래 위에 착지하자, 기록을 측정하던 선생님이 큰 소리로 "방금 건 제로!"라고 말씀하셨어요.

선생님이 보시기에는 대단한 기록이 아니니 측정거리를 '제로'라고 알려준 것이지요. 그런데 저로서는 그 표현이 너무나 충격적이어서 눈물을 억지로 참았습니다. 선생님은 상처를 줄 의도가 없었겠지만, 트라우마까지는 아니더라도 저로서는 수십 년이 지난 지금도 잊을 수 없는 사건입니다.

'제로'라는 말을 듣고 비참한 기분을 발판 삼아 성장하는 학생도 있겠지요. 저는 반대로 의기소침해져서 그날부터 멀리뛰기가 싫어졌습니다.

이 일을 클럽 리더인 H 선생님께 상의했더니 "그런 일이 있었구나"라며 미소 띤 얼굴로 이렇게 말씀하셨어요. "상처가 될 만하네. 선생님이 너였어도 상처받았을 것 같구나. 자, 한 번 더 파이팅해보는 건 어떠니? 분명 너의 장점을 더 잘 발휘할 수 있을 거야!"

이 에피소드에서 주목해야 할 것은 H 선생님이 말씀하신 '너의 장점을 더 잘 발휘할 수 있을 거야!'라는 격려의 말에 등장한 '더'입니다.

예를 들어 '더'라는 한 마디가 빠진 채 '너의 장점을 잘 발휘할 수 있을 거야'라고 하면 지금까지는 '장점이 제로'였지만 앞으로 '장점'을 잘 발휘하면 되지 않느냐는 의미로 들립니다.

H 선생님은 '지금까지 노력한 것도 안다'는 의미를 포함하면서도 미래에 대한 희망이 느껴지도록 '더'를 덧붙이신 건지도 모릅니다. '더'라는 말은 가볍게 흘려버리기 쉬운 짧은 부사지만 그 효과는 절대적이었습니다. '더' 외에도 유용한 부사가 많으니 대화 내용이나 상황에 맞춰 활용해보세요.

## 부사를 더한 표현

### ① 더욱 더

'활약 바랍니다' ⇨ '앞으로도 더욱 더 활약하시길 바랍니다'

이미 활약하고 있지만 더 잘 활약할 수 있다는 가능성을 내포한 응원으로 들립니다.

## ② 줄곧

'응원하고 있습니다' ⇨ '줄곧 응원하고 있습니다'

미래에도 이어질 것이라는 분위기를 풍기며, 망설임 없이 상대방을 응원하고 싶다는 마음이 느껴집니다.


## ③ 보다

'이 부분을 수정하면 설득력이 커집니다' ⇨ '이 부분을 수정하면 설득력이 보다 커집니다'

지금 이대로도 설득력은 있지만, 수정하면 더욱 커진다는 것을 전달하여 상대방이 수정에 대한 거부감을 느끼지 않게 됩니다.


'더더욱', '나아가'라는 말은 향상심이나 상승의지가 있는 사람에게는 효과적입니다. 하지만 자신감이 부족한 사람에게는 '이미 충분히 노력했는데 더 이상 뭘 파이팅하라는 거지?' 싶은 압박이 되기도 하니, 상대방에 따라서는 '지금 이대로도 괜찮아'라고 말해주는 것이 좋습니다.

제 지인에게 어떤 출판사로부터 과거에 낸 책을 문고본으로 만들어준다는 의뢰 메일이 왔다고 합니다. 메인에는 '문고본의 매력을 최대한으로 살린, 좋은 책으로 재탄생할 수 있도록 작업하겠습니다'라고 적혀 있었대요. 열의는 느껴지지만, '좋은 책'이라는 것은 현재의 책이 '별로 좋지 않다', '그다지 좋은 책 수준은 아니다'라는 뜻으로도 들릴 수 있습니다. '더더욱 좋은 책'이라는 식으로 부사를 사용하는 편이 훨씬 예의 바르고 기분 좋게 느껴집니다.

'부디', '줄곧', '보다', '꼭' 등도 마찬가지로 활용해보세요. 사내 공지 또는 아이들을 위한 행사에 봉사자를 구하면서 '협력 바랍니다', '참가 바랍니다'라고 공지하는 것은 누구나 할 수 있습니다.

하지만 '부디 여러분 한 분 한 분의 협력을 부탁드립니다!', '당신의 참여를 진심으로 기다리고 있습니다. 부디 연락 부탁드립니다!'라고 하면 어떨까요? 상대방의 열정을 환영하는 마음이 느껴져 협력과 참여의 의지를 불러일으키지 않을까 싶네요. 지금까지 이런 말들을 사용하지 않았다면 앞으로는 의식적으로 사용해보면 어떨까요?

'더더욱', '나아가'라는 말은 향상심이나 상승 의지가 있는 사람에게는 효과적입니다. 하지만 자신감이 부족한 사람에게는 '이미 충분히 노력했는데 더 이상 뭘 파이팅하라는 거지?' 싶은 압박이 되기도 하니, 상대방에 따라서는 '지금 이대로도 괜찮아'라고 말해주는 것이 좋습니다.

# 일어나서 인사하는 예의를
## 몸에 익힙니다

회사 면접을 위해 대기하고 있을 때, 거래처나 고객이 될 가능성이 있는 사람과의 만남이나 당신의 부탁으로 만나기로 약속한 가게의 의자에 앉아 상대방을 기다릴 때 등, 당신이 과거에 중요한 장면에서 누군가를 기다린 상황을 떠올려보세요. 그런 경우에 나중에 등장한 사람에게 당신이 예의 바른 사람, 자신감 있는 사람이라는 인상을 주기 위한 행동이 있습니다. 바로 상대방을 발견하면 곧장 일어서는 겁니다. 앉은 채로 상대방이 착석하기를 기다리지 않고 상대방을 발견하고 서로 눈이 마주쳤을 때 곧장 일어서서 눈을 보며 당당히 인사하나요?

그 모습에서는 예의뿐만 아니라 여유와 자신감도 느껴집니다. 이렇게 말하는 저도 20대에는 일로 사람들을 만날 때, 상대방이 왔는데도 그냥 앉아서 상대방을 올려다보며 인사를 했습니다. 그런 저를 보고 건방지게 생각한 분이 계실지도 모르겠네요.

그 시절의 저는 인사를 앉아서 할지 서서 할지에 대해 아무 생각이 없었습니다. 그러다가 프리랜서 연수강사 일을 하게 되었고 이전보다 사람들을 만나는 기회가 많아졌습니다. 강사 선배님이 고객과 만나서 인사하는 모습을 곁에서 지켜볼 때도 많았어요. 선배님은 우선 자신이 먼저 도착하는 것을 전제로 자리에 앉아 기다렸다가 상대방이 등장하면 곧장 우아하게 일어서서 상대방을 바라보고 상냥한 표정으로 밝게 인사하는 거였어요. 그 모습에 깜짝 놀란 저는 점차 선배님을 따라 하게 되었습니다.

그렇게 인사를 철저히 하면 상대방과 만났다는 사실에 감사하는 마음과 '빨리 만나보고 싶었다'는 환영의 기분을 표현할 수 있어요. 반대로 상대방이 제게 그렇게 해주면 환영해주는 듯하여 기분이 좋아지고 예의 바른 사람이라는 인상을 갖게 되어 대화의 출발이 원만해집니다.

즉, 단지 서기만 해도 상대방을 존중하고 환영할 준비가 되었음이 온몸으로 드러나는 겁니다. 얼마 전에 친한 편집자가 두 명의 거물급 작가가 대담을 나누었다고 했습니다. 편집자와 거물작가 A 씨가 약속한 장소에 서둘러 갔는데 이미 거물작가 B 씨가 와 있었다고 합니다. B 씨는 두 사람이 들어가자 자리에서 일어나 "여러분 어서 오세요. 기다리고 있었습니다"라며 밝고 온화한 표정으로 인사했다고 합니다.

편집자는 그 모습에 감동하여 제게 말했습니다. "그렇게 나이가 드셔도 예의를 잊지 않고, 누군가를 맞이할 때는 의사에서 일어나시는

구나. 지금까지 나는 어떻게 해왔는지 자신은 없지만, 앞으로는 신경 써야겠다 싶었어요."

'벼는 익을수록 고개를 숙인다'는 말처럼 거물이라 불리는 작가일수록 평소 겸손하게 행동하는지도 모릅니다.

자리에서 일어나 인사하는 것은 아랫사람이 솔선해야 할 일이라고 여기는 사람도 있겠지요. 하지만 저는 '상대를 먼저 발견한 사람이 하면 그만'이라는 결론에 도달했기 때문에 상대방이 어떤 사람이든 꾸준히 실천하고 있습니다.

물론 익숙하고 친해진 사이라면 서는 것은 생략해도 아무런 문제가 없을 테고, 허리나 다리가 안 좋거나, 앉았다가 서면 옆자리 사람도 조금은 불편할 수 있으니 상황에 따라 달라야 할 겁니다.

어느 날 제가 레스토랑에 들어섰을 때 이미 그 가게에 와 있던 나이 많은 지인과 눈이 마주친 일이 있습니다. 그분의 테이블에 음식이 없는 걸 보고 식사 전인가 싶어 테이블에 인사를 하러 갔지요. 저를 보고는 의자에서 일어서려고 하시기에 어서 앉으시라고 청하자 "미안해요. 나만 앉아서 인사를 하네요" 하고 말씀하셨습니다. 제가 서 있다는 사실에 신경을 쓰며 말씀하신 모습에 감동했습니다.

실은 이전에 지금의 우리와 똑같은 상황에 처한 사람들을 호텔 로비에서 본 적이 있어요. 시종일관 테이블에 앉아 있는 사람들에게 홀로 서서 5분도 넘게 이야기하는 사람이 있었습니다. 5분씩이나 말할 것이 있으면 빈 의자에 앉도록 권할 일이지 싶은 마음도 들고 앉아 있는 사람들의 무신경함이 안타까웠습니다.

이런 상황에서 권하고 싶어도 빈 의자나 자리가 없는 경우도 있는데, 저도 제 지인처럼 "미안해요, 저만 앉아 있어서"라고 말할 수 있는 어른이 되고 싶습니다.

앉아 있는 사람 입장에서는 서 있는 사람을 올려다보게 되어 목이 아플 테고, 서 있는 사람은 앉아 있는 사람들을 내려다보려니 서로가 불편합니다. 상황에 맞춰 적절한 위치를 생각해낸다면 좋겠지요.

자신이 청해서 누군가와 만날 때나 선을 볼 때처럼 초면이라면, 혹은 비즈니스 상의 관계나 확연히 윗사람과 만나는 상황이라면 첫인사와 함께 곧장 일어서도록 합시다. 그것만으로도 당신이 얼마나 예의를 중시하고 의욕과 열정을 가지고 있는지 어필할 수 있을 테니까요!

첫 만남에 인사를 철저히 하면 상대방과 만났다는 사실에 감사하는 마음과 '빨리 만나보고 싶었다'는 환영의 기분을 표현할 수 있어요. 반대로 상대방이 제게 그렇게 해주면 환영해주는 듯하여 기분이 좋아지고 예의 바른 사람이라는 인상을 갖게 되어 대화의 출발이 원만해집니다.

# 공감을 일으키는 단어,
# '애써서'를 잘 사용해 보세요

어느 겨울날, 감기를 심하게 앓아 열에서 며칠 만에 해방되어, 정신을 차리고 보니 벌써 월말이었습니다. 월말이라고 하면 회사의 마감이나 대금 지불 등의 기한이 다가오는 시기지요. 아직 조금은 어질어질하고 나른한 몸을 이끌고 은행의 ATM에 현금카드를 넣었더니 '죄송합니다만 이 카드는 마그네틱이 잘 인식되지 않습니다'라는 오류 메시지가 나왔습니다. 현금카드를 마른 손수건으로 깨끗이 닦고 몇 번을 더 시도했지만 결과는 같았습니다. 다른 ATM에서 해보아도 역시나 사용 불가능했습니다.

창구에서 재발급 신청을 하자니 '하필 이렇게 컨디션이 안 좋을 때 이러나' 싶은 마음이 들었습니다. 다음 날, 미리 전화로 물어본 후 인감도장과 신분증명서를 들고 은행 창구에서 현금카드를 재발급받았습니다.

창구에서 사정을 설명하고 재발급을 진행하며 속상했던 저는 담당 행원에게 "제 나름대로는 카드를 소중히 쓴다고 썼는데…"라고 말했어요. 그러자 행원은 "애써 소중히 사용하셨는데 불편을 드려 죄송합니다" 하고 안타까운 표정으로 미안한 마음이 잘 전해지는 말투로 반응해주었습니다.

이후로도 재발급 처리도 빠르게 진행하고, 카드를 하루라도 더 일찍 받을 수 있도록 친절히 설명해주었습니다. 그런 그녀의 모습에서 '은행 창구에서 재발급을 진행하는 건 시간 낭비'라고 생각했던 제 마음은 신기할 정도로 달라져 있었습니다.

여러분도 저처럼 "애써서 ~하셨는데…"라는 말에 기분이 밝아진 경험이 있지 않으세요? 어쩌면 그때 행원이 제 이야기를 그냥 듣는 둥 마는 둥 하고 "알겠습니다. 그러면 바로 재발급 신청하겠습니다"라고 했다면 저는 완전히 다른 기분으로 은행을 나왔겠지요. 단 한 마디 '애써서'를 사용해준 덕분에 공감하는 마음이 잘 전달된 겁니다. 다만 '애써 산 시계였는데'라는 식으로 물건을 잃어버린 사람에게 사용하기에는 슬픈 사건을 상기시키는 꼴이 되어 기분이 상할 수 있으니 주의하는 것이 좋습니다.

여러분도 저처럼 "애써서 ~하셨는데…"라는 말에 기분이 밝아진 경험이 있지 않으세요? 단 한마디 '애써서'를 사용해준 덕분에 공감하는 마음이 잘 전달된 겁니다.

# 역지사지를 잘하면
# 없던 눈치도 기를 수 있습니다

저는 어릴 때부터 지금까지 '눈치 빠른 사람들'에게 둘러싸여 자라왔습니다. 하지만 그런 것 치고는 아직 저 자신은 그리 '눈치 빠른 사람'의 영역에 도달하지 못한 것 같습니다. 친구나 가족 모임에서 "잠깐 그것 좀 줄래?", "젓가락이랑 접시 하나 더 어디에 있지?" 하고 누군가 묻기 전에 먼저 알아차리는 사람이 되고 싶거든요.

어느 날 레스토랑에서 누군가를 기다리고 있는데, 유치원생으로 보이는 남자아이의 생일잔치가 열린 거예요. 그 성대한 광경을 웃으면서 지켜보았습니다. 총 스무 명 정도의 엄마와 아이들이 참여했는데 생일케이크를 둘러싸고 모두가 사진을 찍으려고 할 때의 일입니다.

단체 사진을 몇 장 찍은 후에 주인공 아이와 그 가족만 촬영하게 되어, 손님으로 초대받은 엄마들이 "스마일~!" 하고 좋은 표정을 이끌어내려고 애쓰고 있었습니다. 그런데 몇 장 찍어보니 손님으로 초대받은 한 남자아이가 케이크 옆에 서서 가족사진에 함께 찍혀 있었나 봅니다.

다른 엄마들이 "○○야, 살짝 옆으로 비켜줄래?" 하고 상냥하게 말했지만 남자아이는 미동도 없었습니다. 그런 아이를 너무나 귀엽다는 듯이 미소를 띤 채 바라보는 한 여성이 있었어요. 바로 사진에 찍힌 남자아이의 엄마였지요. 다른 엄마들의 표정은 좋지 않았습니다. 당사자 가족에게는 소중한 기념일이고 아이의 성장 기록으로 남을 생일잔치 사진은 평생의 보물과도 같을 겁니다.

어째서 "자, 친구 가족사진 찍는 거니까 엄마랑 여기서 기다리자!" 하고 아들을 빨리 데려가지 않았을까요? 마지막까지 그 엄마는 서두르는 기색 없이 "이리 오렴" 하고 아들의 손을 잡고 느긋하게 자리에서 비켜났습니다.

눈치가 없다는 건 이런 경우를 두고 하는 말입니다. 만약 제게 이런 일이 있었다면 너무 창피했을 것 같아요. 눈치가 없는 사람은 자기 자신밖에 못 보는 사람입니다.

고슴도치도 제 자식은 귀엽다지만, 그 상황에서 주인공 아이나 가족과 함께 카메라에 찍힌 자식을 보고도 아무렇지 않은 엄마라니요. 그건 느긋하다기보다도 오만하고 무례하게 느껴질 정도였습니다.

친구나 동료와 식사를 할 때 자기 앞에 놓인 음식이 줄어들지 않는다면 주의해야 합니다. 다른 사람들과 함께 먹는 메인요리를 자신 앞에만 두지 말고, 다른 사람들도 집어 먹기 편하게끔 직접 "이것 좀 드실래요?" 하고 권하거나 아직 먹지 못한 사람에게 전달하는 것이 좋겠지요. 전화 올 일이 있다는 사람이 상석인 안쪽 자리에 앉으면 전화를 받으려고 일어설 때 즐겁게 식사하는 사람들이 비켜줘야 하는 번거로움이 생기니, 처음부터 출입구 쪽에 가까운 자리에 앉는 것이 좋습니다.

"내일 미팅이 끝나면 곧장 도쿄 역에서 신칸센을 타고 본가로 가서 연휴는 가족들과 보내려고 해요"라고 했는데도 당일에 빨리 돌려주는 게 나을 거 같다며 빌려준 책을 가져오거나, "짐들이 선물을 전해주게 되어 다행이에요! 꽃을 좋아하시니까 꽃병처럼 사용하시면 되겠어요" 하고 무겁고 큰 쇼핑백을 전해주는 사람이 있다면 어떤 생각이 드나요?

빌려 간 물건을 잊지 않고 돌려주거나, 축하 선물을 주는 멋진 사람인데도 '왜 굳이 지금?'이라는 생각이 들 만큼 타이밍이 좋지 않은 경우도 적지 않지요. 눈치가 없는 사람이라고는 하지만 악의가 있거나 딴생각을 갖고 있는 것이 아니라, 대부분이 정 많고 착한 사람들입니다. 다만 눈치가 없는 탓에 결과적으로 사람들에게 민폐를 끼치거나 불쾌한 기분이 들게 만든다면 상대방으로 하여금 '눈치 없고 제멋대로인 사람', '가급적 거리를 둬야 할 사람'이라는 경계심을 갖게 만듭니다.

눈치가 빠른 사람과 그렇지 못한 사람의 차이는 간단합니다. 바로 '상대방에 대해 상상하여 적절히 행동하는가?'입니다. 이는 결코 어려운 일은 아닙니다. '내가 상대방이라면 어떻게 생각할까?' 하고 자문자답하면 되는 일이거든요.

더 눈치 빠른 사람이 되고 싶다면 행동하기 전에 우선은 상대방의 입장에서 상황을 그려보세요. 그것이 가능해지면 당신은 이미 '눈치 빠른 사람'이 되어 있을 겁니다. 이제 남은 것은 행동뿐입니다! 눈치가 빠른 사람은 '이것저것 당장 해야지!' 하고 떠오르는 대로 움직이지 않아요. '지금은 때가 아니야'라며 '물러서는 행위'도 가능한 사람입니다.

눈치가 빠른 사람과 그렇지 못한 사람의 차이는 간단합니다. 바로 '상대방에 대해 상상하여 적절히 행동하는가?'입니다. 이는 결코 어려운 일은 아닙니다. '내가 상대방이라면 어떻게 생각할까?' 하고 자문자답하면 되는 일이거든요. 더 눈치 빠른 사람이 되고 싶다면 행동하기 전에 우선은 상대방의 입장에서 상황을 그려보세요. 그것이 가능해지면 당신은 이미 '눈치 빠른 사람'이 되어 있을 겁니다.

# 가벼운 불평에는
# 가볍게 대응합니다

⌣

'불평하지 마라', '불평불만을 상대할 필요는 없다', '불평을 하는 것은 시간 낭비다'라고들 하고 책에도 그렇게 나와 있는 경우가 많지요. 당신도 남들 앞에서 가급적 불평을 하지 않으려고 주의하는지 모릅니다. '불평'에는 '어리석음'의 의미가 들어있습니다.

　이야기해봐야 도리가 없는 어리석은 일이야말로 불평이며, 석가모니는 인간의 선한 마음을 해하는 원인 중에서도 특히 강력한 것 중 하나가 '불평'이라고 하셨다고 합니다. 저 역시 남들 앞에서는 불평을 삼가고, 타인의 불평에 휘말리고 싶지도 않습니다. 다만 아주 조금의 불평은 때때로 인간관계에 긍정적인 연대감이나 웃음을 만들어내기도 하는 것 같아요.

　그러니 스스로 굳이 불평을 할 필요는 없지만, 자신에게 중요한 상대방의 작은 불평 정도는 들어주는 것이 어떨까 합니다. 물론 누군가를 상처 입히거나 부도덕한 내용의 불평은 제외하고 말입니다. 불평을 듣고 밝게 웃으며 날려버리는 사람에게서는 대범함과 너그러움이 느껴져 기분이 좋습니다.

저의 친한 친구 중에는 불평을 재미있게 바꿔주는 사람들이 많아요. 어느 날 아이가 다니던 학교의 정기 학부모회가 끝나고 A 씨가 웃으며 말했습니다. "요시하라 씨, 수고 많으셨어요! 얼굴에 학부모회의가 너무 길다고 써 있어요!"

제가 "어머 얼굴에 드러났어요!? 저는 나름 웃고 있으려고 했는데(웃음). 매번 나눠주는 프린트 내용도 똑같고, 읽어만 보면 아는 내용이구만 싶어서요. 선생님은 좋으시지만 말이에요"라고 하니 "맞아요. 제 얼굴에도 다 표가 났을지 몰라요~" 하고 웃으며 저의 작은 불평에 맞장구를 쳐주는 겁니다.

예를 들어 제가 "학부모회의 너무 긴 것 아닌가요!?" 하고 불평을 했는데, "학교운영에 필요한 일이니 어쩔 수 없겠지요"라는 정론을 듣거나 "뭐 그냥저냥 그러네요"라며 가볍게 긍정하는 반응을 들었다고 해봅시다.

상대방의 말이 틀리지는 않지만, 저로서는 좋은 기분은 아니었겠지요. 모임이 길다고 한 정도의 작은 불평에는 "가볍게 스트레칭 해볼래요?", "학교에서도 준비하느라 고생은 했는지 몰라도 내용은 늘 똑같네요~", "열심히 하는 건 알겠지만 이야기가 길긴 해요" 하고 긍정적으로 공감해주는 사람에게서는 상냥함과 유연성이 느껴집니다. 물론 길게 느끼지 않았다면 억지로 동조할 필요는 없어요.

"매번 너무 길어져서 진짜 짜증 나요!"라며 강한 어투로 말하는 사람도 있습니다. 이때 "딴생각에 빠져 있느라 긴 줄도 몰랐어요!", "무조건 네, 하고 웃으면 돼요!"라고 하면 웃음이 터질지도 모릅니다.

가벼운 불평을 할 때 누군가에게 정론이나 설교를 듣거나 무시 받기를 원하는 사람은 없을 겁니다. 극단적으로 악의가 있거나 상식을 벗어난 불평에는 관여하지 마세요. 하지만 자기도 모르게 나오는 가벼운 불평 정도라면 부정하거나 설교하기보다는 웃음으로 바꾸거나 걱정해주는 반응을 보이는 것이 인간관계를 원만히 하는 방법인 듯합니다.

"과장님 말투는 왜 매번 그렇게 가시가 돋친 건지"라고 말하는 동료가 있고, 당신 역시 그렇게 느꼈다면 "저도 자주 가시에 찔려요!" 하고 동료의 불평에 공감해주면 웃으면서 스트레스를 해소할 수 있을 겁니다.

하지만 과장님의 말에 다소 가시가 있어도 불평을 한 당사자에게 분명한 원인이 있을 때도 있습니다. 그럴 때 잘못한 상대방을 일깨워주려고 "과장님, 그런 분 아니에요"라며 정의롭게 말하기보다는 "가시는 없었으면 좋겠는데 말이죠~!" 하고 일반적인 관점을 전달하거나, "그렇게 가시가 돋친 말투였어요?" 하고 과장님을 부정하지 않고 '가시'에 초점을 맞추며 상대방의 이야기를 들어주세요.

상대방의 사소한 불평에 웃음이나 너그러운 반응을 보일 수 있는 센스를 지금보다 더 기른다면 당신은 소중한 사람을 더욱 소중히, 또 활기차게 만들 수 있을 겁니다. 사람과의 대화에서 긴장하기 쉬운 사람도 평소에 이미지 트레이닝을 해두면 순간적으로 말이 쉽게 나옵니다. 자신에게 활기를 주는 사람이 있다면 누구든 그 사람 곁에 있고 싶을 거예요. 오늘부터 불평을 유머로 바꾸는 연습을 시작해보세요!

극단적으로 악의가 있거나 상식을 벗어난 불평에는 관여하지 마세요. 하지만 자기도 모르게 나오는 가벼운 불평 정도라면 부정하거나 설교하기보다는 웃음으로 바꾸거나 걱정해주는 반응을 보이는 것이 인간관계를 원만히 하는 방법 중 한 가지입니다.

# 좋지 않은 예감은 일단
# 민감하게 받아드립니다

갑작스러운 이야기지만 제가 지금껏 경험한 심장이 멈출 만큼 놀란 사건 중에서 워스트5에 들어가는 것은 20대에 파리에서 맞닥뜨린 한 사건이었습니다. 프랑스에서 산 지 3년이 넘었고 프랑스어도 유창한 친구를 만나러 여행을 갔을 때의 일입니다. 파리에서 생활하는 그녀와 오페라 지구에 있는 오래된 쁘렝땅 백화점에 갔습니다. 오페라 지구는 전 세계에서 많은 관광객이 찾는 화려한 쇼핑의 거리로 서울의 명동과도 비슷한 곳입니다.

잠시 걷고 있는데 유럽계의 한 20대 청년이 길을 물어왔습니다. 그는 들고 있던 지도를 펼치더니 조금 어색한 영어로 "이 장소에 가고 싶다"며 한 곳을 가리켰어요. 파리를 잘 아는 그녀가 친절하게 설명하기 시작하고, 5초 정도 지났을 때쯤 저는 왠지 모르게 그의 전신을 체크하기 시작했습니다.

그런데 지도를 들고 있지 않은 손이 그녀의 가방 속 지갑을 만지려는 게 아니겠어요! 저는 곧장 "앗! 지갑을 가져가려고 해!"라며 그녀에게 말했습니다. 그는 들켰다는 표정으로 저를 보더니 "아이 돈 노(I don't know, 잘 몰라)"라고 하며 인파 속으로 사라져버렸습니다. 결국 지갑을 도둑맞지 않아 다행이었지만, 그녀는 "언제나 주의한다고 하는 편이었는데"라며 충격을 받은 듯했어요. 미수에 그치기는 했지만 그의 악행을 발견한 순간 '혹시 무기를 소지하고 있다면?', '만약 우리를 공격한다면?' 하고 다음에 닥칠지 모를 최악의 상황이 머릿속을 스쳐가며 공포와 긴장으로 몸이 얼어버리는 듯했던 기억이 지금도 생생합니다.

실은 당시 지도를 든 청년이 다가왔을 때 3미터 정도 떨어진 곳에서 우리를 예리한 눈빛으로 바라보던 또 다른 청년의 존재가 눈에 들어왔었어요.

무언가 이상하다는 작은 예감 때문에 저는 길을 묻는 청년의 전신을 점검한 거예요. 그때는 우연히 피해를 면할 수 있었지만, 길을 묻는 사람을 너무 믿은 나머지 시야가 좁아져 무방비 상태에 빠지는 사람이 생각 외로 많을 거예요. 혹시나 하는 불길한 예감은 누구나 느낀 적이 있을 테지요. 이런 경험을 통해 저는 지금도 상대방의 말과 행동을 유심히 관찰합니다.


## 상대방을 관찰할 때의 포인트
• 웃고 있을 때 표정이 굳어있는지(입꼬리뿐만 아니라 눈이 웃고 있는지)

- 평소보다 더 많이 말하거나, 침묵하는 경우가 많은지(많은 말을 할 때는 언급을 꺼리는 것이 있는지. 숨기는 것이 있을 가능성이 있다. 침묵은 걱정거리가 있거나 경계심 등으로 인한 것)

- 인사하는 목소리의 크기와 활기, 톤(극단적으로 스트레스를 받거나 고민이 있을 때는 호흡이 얕으며 목소리에 힘이 없다)

- 시선이 자주 움직입니다(눈앞의 일 이외에 관심이 있다. 주위의 시선을 의식한다)

- 인사의 길이와 눈맞춤의 길이(상대방과 이야기하고 싶을 때는 인사와 눈맞춤이 길다)

- 한숨이나 '아휴' 등의 말을 자주 사용합니다(실수, 걱정거리, 싫은 일이 있거나 피로가 쌓여 있다)

- 얼굴이나 머리카락을 자주 만집니다(침착하지 못하고 불안이나 스트레스가 있다)

- 다리를 자주 바꿔 꼽니다(이야기를 지겨워하고 있다. 빨리 끝내고 싶다)

매번 반드시 위의 포인트들을 발견할 수 있는 건 아닐 겁니다. 하지만 상대방을 보았을 때 '좀 피곤한 것 같다', '긴장한 듯하다'라고 느낀다면 '심각한 이야기는 다음에 해야겠군', '대답하기 쉬운 질문을 해야지', '내가 더 많이 웃어야겠네' 하고 대화에 활용할 수 있습니다. 상대방의 모습이나 말, 행동을 의식적으로 살펴보면 당신의 오감은 확연히 연마되고 세심한 부분까지 알아차릴 수 있게 될 겁니다.

혹시나 하는 불길한 예감은 누구나 느낀 적이 있을 테지요. 이런 경험을 통해 저는 지금도 상대방의 말과 행동을 유심히 관찰합니다. 상대방의 모습이나 말, 행동을 의식적으로 살펴보면 당신의 모감은 확연히 연마되고 세심한 부분까지 알아차릴 수 있게 될 겁니다.

# 자신에게 진짜 필요한 사람은
# 이런 특징을 가집니다

'일이 없어져 수입원이 사라지면 어쩌지?'

이런 불안은 누구나 한 번쯤은 가져본 적이 있지 않을까요? 광고 등에서 '창업, 부업으로 월수입 1천만 원!'이라고 노래하는 것을 보고 참지 못할 초조함을 느꼈다면 '누구나 매년 더 많이 벌어야 한다'는 강박 관념을 갖고 있는지도 모릅니다.

그럴 때 우리에게 과연 무엇이 필요할까요? 저는 모두가 그렇게까지 돈을 버는 능력자가 되지 않아도 된다고 봅니다. 저도 비즈니스 감각이 특출난 것도 아니고 타고난 재능이 있는 것도 아니니까요.

회사원을 그만두고 프리랜서로서 스물다섯 살부터 지금까지 지금의 일을 해올 수 있었던 것은 고객이 많았기 때문은 아닙니다. 제게 정말로 필요한 사람들에게 저 역시 필요한 존재가 되기 위한 말과 행동을 하고, 소수지만 깊은 교류가 가능한 분들과 관계를 지속해왔기 때문이라고 스스로는 분석하고 있습니다.

저는 평소 프레젠테이션에 대해 조언과 트레이닝을 주로 하는데 '이에 관심을 가져주는 고객'이 천 명 있는 것보다도 진지하게 문제를 해결하고자 하는 열 명의 고객이 있을 때 비즈니스는 성립합니다. 즉, 자신에게 정말로 필요한 사람들을 분별하고 에너지를 그분들에게 집 중적으로 쏟아야 합니다.

자신에게 진정으로 필요한 사람을 찾고 관계를 맺는 노력을 아끼지 마세요. 그러면 '이 사람을 위해 더 할 수 있는 무언가가 없을까?'라는 마음으로 행동할 수 있습니다. 당신과 제가 하는 일은 다를지 모르지 만 몇몇 공통점은 있지 않을까요? 우선은 '필요한 사람'에 대한 생각을 정리해보겠습니다.

## 자신에게 필요한 사람

### ① 몸과 마음이 의지가 되는 사람

늘 건강하고 침착하게 행동하며, 불필요한 불안이나 불만을 입에 담지 않고, 불가능한 일이나 공상 이야기가 아닌 현실적인 대화가 가 능한 사람.

### ② 예절을 중시하는 사람

사람을 대할 때 말과 행동에 주의하며 연락이 잘 되는 사람. 불성실 한 사람에게도 상냥하고 부드럽게 교류하는 사람.

### ③ 현실적인 금전감각을 가진 사람

금전적으로 성실하며 돈을 모으는 것에 집착하기보다는 낭비가 없는지를 늘 합리적으로 생각하여 돈을 불리는 감각을 가진 사람. 금전관리에 책임감이 있으며 '가치'를 분석하여 돈을 사용할 줄 아는 사람.

수입과 관련해 구체적으로 커리어 계획을 세워 실행하는 것은 중요합니다. 하지만 그것만큼이나 자신에게 필요한 사람이 어떤 사람인지를 분별하고, 그 사람에게서 신뢰받는 말과 행동을 익히는 편이 긴 안목으로 보았을 때 투자 가치가 있다고 단언할 수 있어요.

당신에게 '필요한 사람'이란 어떤 사람인가요? 한 번쯤 종이가 적어보세요. 필요한 사람과 당신의 말과 행동이 가까워진다면(혹은 이미 말과 행동이 비슷하다면), 그 사람과의 만남이나 관계성에 변화가 생길 가능성이 있습니다. 왜냐하면 '합의적 타당성'이라고 하여, 사람은 자신과 같은 말과 행동을 하는 사람에게 호의를 갖는다고 하거든요. 당신의 성실한 말과 행동은 앞으로 다양한 기회를 끌어오는 계기가 될 겁니다!

자신에게 진정으로 필요한 사람을 찾고 관계를 맺는 노력을 아끼지 마세요. 그러면 '이 사람을 위해 더 할 수 있는 무언가가 없을까?'라는 마음으로 행동할 수 있습니다.

# 동영상의 시대에 걸맞은
# 프레젠테이션 능력

2019~2020년, 일본 보험회사와 금융계 단체가 실시한 '초·중등학생이 장래에 되고 싶은 직업 랭킹'에서는 '유튜버'가 10위 권 내에 드는 결과를 보였습니다. '편하게 돈을 버는 직업'이라고 여기는 사람이 있을지 모르겠지만, 사실 유튜버로 생계를 유지하는 사람은 전체의 극히 일부에 불과합니다.

광고 수입으로 생계를 꾸리려는 유튜버의 96.5퍼센트가 평균적인 미국 빈곤선을 밑도는 수입밖에는 얻지 못한다는 데이터도 있다고 합니다. 집에서 거대한 푸딩을 만들어 먹거나, 1천만 원으로 스낵과자를 사보았더니 어떻더라, 자기 집 방안에서 머리카락을 핑크로 물들이는 동영상에 조회 건수가 몇만 건 이상, 시청자 수가 몇만 또는 백만 명이 넘는 사람들을 보고 '이렇게 쉬우니 나도 할 수 있겠다'는 생각으로 따라 해보거나 과격한 시도를 해보려는 사람이 많을지도 모르겠습니다.

하지만 생계를 유지하기까지는 쉬운 길이 아닙니다. 과격한 동영상뿐만 아니라 지식과 정보 등을 알기 쉽게 알려주는 인기 동영상도 많고, '편하게 돈 번다', '조금만 노력하면 큰돈을 벌 수 있다'라는 이미지를 갖기 쉬운 유튜버지만 동영상 제작은 치밀한 작업이 필요하고 편집에는 시간과 노력이 소요됩니다.

만약 당신의 가족 중 누군가가 '진심으로 유튜버가 되고 싶다!'고 한다면 당신은 어떻게 하시겠습니까? 저라면 '아이디어와 프레젠테이션 능력을 연마하면 좋겠다'는 조언을 해주겠습니다.

코로나19 감염예방을 위해 일본에 외출 자제 요청이 발령된 2020년 3월, 업종에 따라 다르겠지만 가급적 기업은 원격근무로 전환하고, 회의는 줌(Zoom) 등의 온라인으로 진행하는 일이 늘어났습니다. 단지 기업뿐만 아니라 일본 내의 몇몇 학교에서도 이러닝 시스템을 활용하고 있으며, 공립 초·중·고에서도 언젠가는 당연하게 도입될 것으로 보여집니다. 이처럼 많은 직장이나 교육현장에서 디지털화와 AI의 활용이 눈에 띄고 커뮤니케이션을 효율화하려는 속도도 빨라지고 있습니다.

물론 이러한 원격근무도 앞서 이야기한 유튜버도 그렇지만, 의견을 전달하는 도구가 디지털화되어도 결국은 자신의 생각을 상대방에게 어떻게 전달하느냐 하는 근본은 달라지지 않습니다.

저는 도구의 편리성과 효율성이 향상될 때마다 프레젠테이션 능력(전달능력)의 중요성도 비례하여 높아진다고 생각합니다. 그래서 앞으로 점점 늘어날 것으로 예상되는 PC를 통한 대화 시에 주의해야 할 일곱 가지 중요 포인트를 소개하겠습니다.

## 컴퓨터를 이용한 대화에서 철저히 해야 할 포인트
### ① 분명한 어조로 말하기

디지털 기기를 사용할 때는 음성에 필터가 걸린 것처럼 들리기도 하므로, 만나서 이야기를 할 때보다 20퍼센트에서 50퍼센트 정도 입을 가로 세로로 확실히 벌리면서 한 마디 한 마디 분명히 발음합니다. 그렇게 하면 속도도 너무 빨라지지 않고 청자에게도 잘 들리므로 이점에 유의하여 봅니다.

### ② 한 문장 후에 쉬어주기

통신환경에 따라 음성이 갑자기 끊기는 경우를 예상하여, 물 흐르듯이 이야기하지 않고 "안녕하세요. 오늘도 잘 부탁드립니다"라는 식으로 한 문장을 말한 후에 1초는 쉬었다가 이야기를 이어가는 것이 훨씬 자연스럽게 연결됩니다.

### ③ 이야기를 15초 이내로 구분하는 이미지 갖기

음성이 갑자기 끊길지도 모르므로 다시 음성이 접속되었을 때 이야기를 간단히 원래대로 되돌릴 수 있도록 하나하나의 설명을 15초 이내로 구분하는 이미지로 상대방에 전달합니다.

### ④ 자신의 이야기가 끝났다면 상대방에게 말로 알려주기

자신의 의견을 낸 후에는 "○○ 씨는 어떠세요?" 하고 구체적으로 이름을 불러 질문하고, 자신의 이야기가 끝났음을 명확히 표시합니다.

예를 들어 특정한 상대의 이름을 호명하기 어렵다면 "…라고 생각합니다. 이상입니다" 하고 자신의 이야기가 끝났음을 명확히 합니다.

혹은 "…입니다. 이상입니다. 뭔가 보충설명이 필요하실까요?" 하고 참가자 전원에게 이야기의 순서를 돌립니다.

### ⑤ 손짓으로 약동감을 연출하기

화면에 비치는 범위 내에서 손을 사용한 제스처를 활용하면 설득력이 커집니다.

### ⑥ 표정의 움직임을 크게 하기

화면상에서는 표정의 움직임을 읽어내기 힘들기 때문에 이야기를 듣고 끄덕일 때는 평소보다 목을 3~5센티미터 정도 천천히 크게 움직입니다. 시력을 강화하려면 턱을 3센티미터 정도 빼면 효과적입니다. 내용이 심각할 때를 제외하면 입꼬리를 3센티미터 정도 올리고 웃을 때는 앞니가 6개에서 8개 정도 보이도록 합니다.

화면을 내려다보면서 응시하면 눈이 작게 보이거나, 위에서 내려다보는 표정이 되므로 컴퓨터 카메라에도 시선을 배분합니다. PC나 태블릿을 겹친 책 위에 올려두면 얼굴이나 시선이 아래로 향하지 않을 수 있습니다.

## ⑦ 배경을 심플하게 하기

화면에 비치는 배경에서 사람이 반응하기 쉬운 '반짝이는 것', '움직이는 것', '그림이나 글자가 적혀 있는 것'을 제외하면 상대가 집중하기 쉽습니다. 자신의 화면을 보는 사람이 집중하기 쉽도록 배경은 흰색에 가까운 벽지나 물건 앞으로 합니다. 책장이 뒤에 있으면 책의 제목에 신경이 쓰이는 사람도 있으니 될 수 있다면 물건이 보이지 않도록 합니다.

위의 포인트 중에서 실천하지 못한 점이 있는 분은 부디 시도해보기 바랍니다. 알기 쉽게 전달한다는 것은 서로의 시간을 존중하는 일이기도 합니다. 어떤 도구를 이용하든 상대방을 배려하며 생각해 보면 더 효과적인 활용이 가능한 법이니까요.

앞으로 점점 늘어날 것으로 예상되는 PC를 통한 대화 시에 주의해야 할 일곱 가지 중요 포인트는 다음과 같습니다. '분명한 어조로 말하기, 한 문장 후에 쉬어주기, 이야기를 15초 이내로 구분하는 이미지 갖기, 자신의 이야기가 끝났다면 상대방에게 말로 알려주기, 손짓으로 약동감을 연출하기, 표정의 움직임을 크게 하기, 배경을 심플하게 하기'

# 커뮤니케이션에 늘 신경 쓰는 일은
# 행운을 불러옵니다

당신은 자산을 늘리기 위해 무언가 투자를 하고 있나요? 저는 투자 전문가는 아니지만, 투자라고 하면 리스크와 리턴에 대해 생각한다는 기본은 알고 있습니다. 예를 들어 주식투자 전문가들은 '주식은 중장기적인 투자'라고 합니다. 커뮤니케이션에 대해서도 똑같이 말할 수 있습니다. 특정한 상대방과 좋은 관계가 되고 싶다거나 신용을 얻고 싶다는 생각으로 커뮤니케이션을 할 때, 대화에 포함되는 하나하나의 의미와 배려가 쌓여서 '상대방과 좋은 관계'라는 리턴을 손에 넣을 수 있기 때문이지요.

이 리턴의 관계성에는 레벨이 있습니다. '파트너 레벨', '둘만 만날 수 있는 레벨', '지인 레벨', 나아가 안타깝지만 상대방이 당신에게 관심을 보이는 일이 없고 관계가 끊기는 '노 리턴'의 상황도 생각할 수 있는데, 낙담할 필요는 없습니다. 때로는 그만두는 것도 중요한데, 투자는 중·장기적으로 생각하면 되므로 한두 번쯤 상대방이 자신에게 무관심하더라도 타이밍이나 접근방법을 바꾸거나 빈도를 조절하는 등 여러 시도가 가능하기 때문입니다.

급하게 큰 리턴을 바라지 마세요. '상대방도 웃으며 인사했잖아', '1분 동안 서서 이야기를 나누었어', '내 이름을 기억하게 되었어' 등의 작은 리턴이 쌓이면 친해지고 싶은 상대방과 관계를 형성하는 데 커다란 한 걸음이 되는 거예요.

언뜻 보기에는 시시하게 느껴지는 인사나 순간적인 배려(문을 열어 주거나, 사소한 일에도 감사의 인사를 하는 등)가 결과적으로 나중에 차분히 이야기를 나누거나 당신에게 필요한 사람을 소개받는 계기가 되기도 합니다.

인간관계도 투자(눈앞의 상대방을 배려하며 정중하게 대응하는 것)와 같다고 생각하는 사람들은 자신에게 필요한 사람이나 '더 이야기를 나눠보고 싶은' 사람들로부터 리턴(신뢰)을 얻게 됩니다. 이로써 진심으로 웃을 수 있는 즐거운 한때나 기분 좋은 대화, 더 쾌적하게 살아가기 위한 정보와 자극 등을 얻는 것입니다. 돈으로는 살 수 없는, '필요한 사람으로부터의 신뢰'를 늘리는 일이 우리의 삶에서 매우 가치 있는 배당임을 아셨나요?

다만 실제 금융상품에 대한 투자로 얻어지는 물질적인 리턴과는 달리 커뮤니케이션을 통해 얻어지는 리턴은 사람의 감정이 주체이므로, 성실하게 받아들이고 지속시켜나가지 않으면 너무도 쉽게 상실할 수 있으니 주의하세요.

우리 생활 속에서 당연하게 여기는 일 중에도 언제 어떤 리턴으로 이어질지 모르는 것들이 많습니다. 예를 들면 이전에 근처 마트의 계산 점원 중에 매일같이 웃음을 잃지 않고 예의 바르게 행동하며, 일처리도 빠르고, 따뜻하게 말을 걸던 20대 여성이 있었습니다. 그 마트는 이용하는 친구들 사이에서도 "그 점원은 참 느낌이 좋아"라며 화제가 될 정도였지요.

한 가족이 그런 그녀의 모습을 보고 감동하여 월급을 두 배로 올려주는 조건으로 자녀의 베이비시터로 일해 달라는 부탁을 했다고 합니다. 결국 사정상 베이비시터 일에는 응하지 못했다고는 합니다만 자신을 좋게 평가해준 것에 대해서는 무척 기뻐했다고 합니다. 그녀의 평소 사소한 배려가 쌓여서 돌아온 커다란 리턴이었음이 틀림없습니다.

이처럼 커뮤니케이션에 진지하게 투자하는 것은 눈앞의 사람을 '업무상 접하는 상대'로 묶어서 치부하는 것이 아니라 개개인의 상대방을 존중하고 늘 예의 바르게 대하는 일입니다.

그렇게 함으로써 누구에게든 생각하지 못한 행운이 찾아올 수 있습니다. 미소 지을 때의 표정근(안면근, Mimic Muscles)의 움직임으로 인해 긍정적인 감정이 환기된다는 연구 결과도 있으니, 커뮤니케이션을 할 때 '좋은 표정 짓기', '긍정적인 말 사용하기', '기분 좋게 행동하기'가 얼마나 중요한지 알 수 있습니다. 자, 당신에게 소중한 사람들을 떠올리며 지금 당장 커뮤니케이션에 진지하게 투자해보지 않으시겠어요?

커뮤니케이션에 진지하게 투자하는 것은 눈앞의 사람을 '업무상 접하는 상대'로 묶어서 치부하는 것이 아니라 개개인의 상대방을 존중하고 늘 예의 바르게 대하는 일입니다. 그렇게 함으로써 누구에게든 생각하지 못한 행운이 찾아올 수 있습니다.

# 말과 행동 중 무엇을 빼고 더할 지에 따라
# 품격이 달라집니다

끝까지 읽어주셔서 진심으로 감사합니다. 이 책을 통해 당신 나름의 '무례함의 정체'를 찾아내고 '진정한 예의'라는 보물을 하나라도 손에 넣었다면 더없이 기쁘겠습니다.

기존의 말과 행동 중에서 무엇을 빼고 무엇을 더할 것인지에 따라 당신의 예의는 더욱 빛을 발하게 될 거예요. 결과적으로 소중히 여기는 상대방과의 관계에 새로운 멋진 변화가 일어나기를 바랍니다.

이 책에서 소개한 에피소드 중에는 '조금도 무례하게 느껴지지 않는' 것이 있었을지도 모릅니다. 그 부분은 각자의 잣대를 존중하면서 '무례한 언동과 인생'에 대한 생각을 간결하게 정리해보세요. 저 역시 책을 쓰면서 저 자신의 무례한 말과 행동에 대해 매일같이 돌이켜보았습니다. '누군가에게 상처를 준 적은 없을까? 누군가 나로 인해 풀이 죽지는 않았나?' 이렇게 생각하니 다시금 제 말과 태도, 예의에 대해 생각해 보는 좋은 기회가 되었습니다. 그리고 예의와 관련해 또 하나 중요한 것이 있습니다. 바로 '다른 사람에게는 요구하지 않아야 한다'는 것입니다.

부끄럽지만 저는 생색내기를 좋아해서 '다음 사람을 위해 문을 열어두었는데 인사도 없다니 아쉽군' 하고 느낄 때도 있습니다. 객관적으로 보면 상대방이 부탁한 것도 아니고 제멋대로 한 일이며 상대방의 입장에서 보면 불필요한 일이었는지도 모르는데 말입니다.

상대방에게 감사 인사를 원한 시점에서 이미 그것이 진정한 예의에서 벗어난다는 것을 명심합시다. 예의 바르게 행동하는 것은 자기 안에서 납득하는 데에 의미가 있기 때문입니다.

코로나19와의 공존이 앞으로도 어느 정도 계속될 듯 합니다. 이러한 상황에서 우리의 말과 행동으로 인해 서로가 더욱 안심하고 행복을 느끼는 장면을 무한히 만들어낼 수 있으리라 믿습니다.

당신의 소중한 사람에게 '나와 함께 해줘서 고마워', '당신이 있어서 기뻐', '당신은 다른 사람을 웃게 하는 데는 천재야!' 하고 말이나 글로 전달하여 더 멋진 시간을 만들어가길 바랍니다.

이 책을 읽어주신 여러분, 책을 사주신 여러분, 따뜻한 말로 응원해주신 모든 분들, 편집자 분을 비롯해 디자인과 교열, 영업 등 열정을 기울여 이 책을 함께 만들어주신 출판사 분들, 그리고 언제나 살아갈 원동력이 되어주는 가족들에게 진심으로 감사드립니다.

# 첫 마디 툭 던지는
# 상대의 말투에
# 상처 많이 받으시죠?

**1판 1쇄 펴낸날** 2023년 12월 20일

**지은이** 요시하라 타마오
**옮긴이** 황미숙
**펴낸이** 나성원
**펴낸곳** 나비의활주로

**책임편집** 유지은
**디자인** BIG WAVE
**일러스트** 주서윤

**주소** 서울시 성북구 아리랑로19길 86
**전화** 070-7643-7272
**팩스** 02-6499-0595
**전자우편** butterflyrun@naver.com
**출판등록** 제2010-000138호
**상표등록** 제40-1362154호
**ISBN** 979-11-93110-20-1  03320